仕事は
1枚の表に
まとめなさい。

One sheet is enough to summarize your work

池田昌人
ソフトバンクCSR本部長兼ESG推進室長
子ども未来支援財団専務理事

日経BP

「表で」考えるということ

　私が様々なことを表にまとめ、考える際にも表を用いるようになったきっかけは、次のような孫正義社長（当時。以下、孫さん）の言葉でした。

「お前は凡人なんだから、三次元、四次元でものを考えられないだろう？　だから二次元のものをたくさん作れ。二次元の分析が重なって立体となり、より深い理解ができる」

　忘れもしない、ソフトバンクの前身、東京デジタルホンからソフトバンクモバイルになり、マーケティングの部署にいた2008年のことです。

　当時私は、携帯電話の新しい料金サービスや割引サービスなどを企画する業務に携わっており、その提案を孫さんにする機会がありました。私が様々なデータを収集して分析し、資料を作成したところ、

「分析の仕方が甘い」

　と指摘されたのです。

さらには、分析結果として提示した事柄についても、

「この１つの図でそこまで言うのは言い過ぎだ」

　とも言われ、提案の内容以前の問題で突き返されることとなりました。

　そのとき、困惑する私に投げかけられた言葉が、先の「二次元のものをたくさん作れ」だったのです。

　二次元、つまり表を作って考えろと言われたものの、何をどう表にするか、最初は戸惑いました。

　マーケティング施策は多くの場合、年齢や性別、都道府県といった複数の基礎データに、購入実績や嗜好などの行動データ、期待される施策の効果やコストなどを掛け合わせて考えます。複数のデータを掛け合わせて考えるのだから、資料が三次元、四次元の図になるのは当たり前のこと。当時の私は、そう思い込んでいました。

　それを二次元の表にするということは、**掛け合わせられる要素（軸）が２つに絞られる**ということです。それでどんな結果が見えるのか、正直、最初は半信半疑でした。

　とはいえ、孫さんの言うとおり、当時の私は、孫さんほどの経験や直観、洞察力はとうてい持っておらず、周囲の優れた上司たちのような分析力や専門性もない、本当に「凡人」でした。

　それでも、孫さんに提案を通さなければならない。ならば、その言葉にあえて逆らう理由はありません。

まずは孫さんに言われたとおりに、**とにかく手元のデータを「2つの軸」で掛け合わせていく**ことにしたのです。

　まさに暗中模索。
　ところが何枚も何枚も表を作っていく中で、不思議と、これまでの自分の分析の甘さや、提案すべきことが見えてくるように感じたのです。
　様々なデータを2つの軸で掛け合わせることで、3つ以上のデータを掛け合わせるよりも鮮明に、そして単独のデータからは見えてこなかった価値が浮かび上がってくるように感じました。いわば**二次元の表が自分の中で立体になった**のです。

　作った表は掛け合わせても散乱し、傾向が出ないもの少なくありませんでした。しかし、その無数の意味のない表に紛れて、新しい方向性が見えてきたのです。
　これまで見落としてきたものまで見える。例えば、若い世代がターゲットだと思っていたけれども、むしろシニア層に向けたアプローチが必要だったというような示唆を得ることができたのです。

　なるほど、これが"二次元でものを考える"ということか！
　孫さんの言葉がすっと腑に落ちた瞬間でした。同時に、孫さんは表を作らずとも、頭の中でこれが構築できるのか、とその偉大さを再認識しました。

それから私は、必ず**二次元の表を作成してものを考える**ようになりました。

　手元のデータを表にするという作業は、「マーケティングとはこういうもの」「この層にはこういう施策が当たるはず」といった**思い込みを外し、多角的にものを考えることそのもの**だ、と気づいたからです。

　もちろん仕事や案件は、その都度、状況や内容が異なるので、「この表を作れば必ずいい企画ができる」なんてものはありません。しかし、表は作れば作るほど、核心を捉えたものを作れるようになり、精度も上がっていきます。

　私自身は今でも、**表こそが、凡人の私が抜け漏れなく、ごまかしもなく深く物事を考えるための最良のツール**だと思っています。

　本書では、私が考え出したこの「表で考え、仕事を進め、形にしていく」方法について、みなさんにお伝えしていきたいと思っています。

仕事でも、プライベートでも 「大事な決断」ほど、私が表を使う理由

　私は今でも、何か考えるべきことがあるときは、必ず二次元の表で考えています。

■ 仕事×表で考える

　2020年初頭、世界中が「新型コロナウイルス」という未知の疾病に襲われ、各地で死者も続出していた頃、私は日本で初めての民間企業によるPCR検査センターの立ち上げに奔走していました。スクリーニング検査という新しい概念での検査です。

「PCR」という言葉すら聞いたことのなかった私が、その後1カ月で事業を立ち上げ、1日最大検査可能件数が2万1000件のセンターを作り上げることができた背景にもまた、この「表で考える」というプロセスがありました。

　PCRとは何か？　どんな人に協力を要請する必要があるのか？　どんな設備・場所が必要か？　短期間で、実現は可能なのか？

　孫さんに「手軽にPCR検査を受けられるようにしたい」と言われた当初は、わかることのほうが少ないくらいでした。

　私にこの話が降ってきたのも、ソフトバンクのCSR部門を担当し、東日本大震災発災時に子ども支援の公益財団法人の立ち上げ・運用を経験しているから。私が医療に詳しいからではありませんでした。

　こうしたビジネスの難題に対しても、私は数え切れないほどの表を作ることで、なんとか形にしてきました。

　このとき、私がどんな表を作ることで、「SB新型コロナウイルス検査センター」を立ち上げることができたのか。その詳細

は、具体的な情報整理の仕方や思考のプロセスとともに、2章でお話ししていきます。

■ プライベート×表で考える

「表で考える」のは、プライベートでも同じです。

例えば休日の家族での外出先を決めるときも、頭の中に簡単な表を作ります。

「あそこに行けば近くに公園もあるし、帰りに買い物もできる、この時期は人出も少ない」

と表に当てはめながら分析するのです。

この習慣はもはや、私だけではなく、家族の習慣にもなりつつあります。何年か前に、念願のマイホームを持とうという話になったのですが、そのときには家族総出で表を作りました。

マイホームは言うまでもなく大きな買い物ですから、失敗はできません。

「なんでこんなところを買っちゃったのよ！」

「あのとき、お前がここがいいって言ったからだろ！」

なんてもめごとは、絶対に避けたい。

そこで、候補となる土地を横軸に置き、縦軸には家族それぞれの要望を聞き、重視したいポイントを並べていきました。

例えば私は「駅からの距離」や「通勤時間」、妻は「公園への距離」や「スーパーや病院などの利便性」、子どもたちは「学校までの距離」。書き出していくことで、それぞれのプライオリティの違いが浮かび上がりました。

引っ越し先の地域を検討する際に家族で作成した表のイメージ

	H 地区	T 地区	K 地区	参考　現在
最寄り駅	JR H 駅	JR T 駅	私鉄 K 駅	私鉄 O 駅
路線	JR Y 線	JR K 線	私鉄 K 線	私鉄 K 線
物件金額	●●●●万円	●●■■万円	●●△△万円	--
広さ（平米）	219.5	198.55	198.35	120
建ぺい率／容積率	40%／80%	50%／100%	60%／200%	50%／80%
採光方向	東側、南側	南側	南側、東側	東側、西側
形状	南側・東側ひな壇	平地	平地	平地
道路	北側 5.0m、東側 5.0m	南側 2.9m	南側 6.5m、東側 6.5m	北側 5.0m、西側 3.0m
職場駅までの最短	59 分	43 分	61 分	60 分
最寄り駅まで徒歩	17 分	14 分	11 分	18 分
高低差	5	1	2	1
最寄り公園	HH 公園 2 分	なし	N 公園 4 分	U 公園 1 分
スーパーなど	R マート 3 分	コンビニ 3 分	コンビニ 5 分	T マート 3 分
飲食店など	蕎麦屋 5 分	駅前 14 分	定食屋 5 分	T マート内 3 分
小学校	HH 小学校 7 分	Y 小学校 11 分		M 小学校 6 分
中学校	HH 中学校 8 分	T 中学校 21 分		K 中学校 7 分

色文字：高く評価するポイント　　　　　：できれば避けたいポイント
　　　　　：懸念するポイント

地域ごとの満足度比較表（効果分析表→ 34 ページ参照）

	H 地区	T 地区	K 地区	参考　現在
総合評価	18	12	11	—
昌人	9	6	5	—
妻	9	6	6	—

　立地だけでなく、広さや地盤など、気になることをとにかくピックアップするのです。家に関しても、施工業者ごとの耐震強度や断熱性、屋根や壁などの耐用年数をまとめた表も別に作っていきました。

　まずは表の外枠を作り、わかっていることを書き込んでいきますが、最初からすべては埋まりません。
　必ず、**表が埋まらない箇所、すなわち「本当は必要なのに、まだわかっていない情報」**があるはずです。

「表が埋まらない」ことで、「何を調べればいいのか」「誰に聞くべきか」が見えてくる。ならば、調べたり話を聞いたりして、表を埋めていけばいい。
「表を埋める」ことが、「抜け漏れなく考える」ことにつながるのです。

「現時点ではこれが最良だけど、子どもたちが大きくなったらどうだろう？」

「ここに家を建てたら、こんな過ごし方ができそうで、いい感じだね」

と、将来のシミュレーションや暮らし方にも考えが及び、家族間の理解や絆（きずな）も深まったように感じます。

また、表ができた時点で頭の中は整理されていますから、その後の不動産会社や工務店との交渉ごとも、とても円滑に進みました。何しろ、自分たちが重視している点が一覧表になっていて、その点についての業者間の違いを明確にした上で、相手と話せるのです。私のような不動産の素人（しろうと）でも、

「A社では、ここの費用はかからないと言われたのですが、なぜ御社では20万円が計上されているんでしょう？」

などと尋ねることができる。業者としても丁寧に説明せざるを得ない、というわけです。

この思考法は、引っ越し以外でも、**人生に様々訪れる大事な選択で大いに役立つ**と思っています。

例えば進学や就職、転職。恋愛や結婚といった、感情面が大きく関わることも、**いったん表にすることで見えてくるものがある**かもしれません。

これは、ビジネスでも同じです。ビジネスにおいては、上司やクライアントと対等でないことがほとんどです。立場が違う、権限が違う、視座が違う、情報量が違う……違いを挙げていけばキリがありません。

しかし、表を作ることで、どんな相手とも「同じフィールド」で議論ができるようになります。**「天才と凡人」「上と下」という関係性ではなく、「ともに表を埋めていくパートナー」になれる**のです。

被災地の子どもたちと一緒に
アメリカで学んで生まれたメソッド

みなさん、初めまして。池田昌人と申します。遅ればせながら簡単な自己紹介と、私がこの本を書くことになった経緯について、お話しさせてください。

私は1974年生まれの49歳。1997年に、現・ソフトバンクの前身である東京デジタルホンに入社以来、営業部門やマーケティング戦略部門を15年弱経験した後、2011年に異動。現在はソフトバンクのCSR本部長・ESG推進室長と、ソフトバンクグループのサステナビリティ部を兼任しています。

CSR担当としては、前述のPCR検査センターの立ち上げだけでなく、「つながる募金（インターネットを活用した日本初の募金プラットフォーム。2019年には累計寄付額10億円を突破）」や「Pepper社会貢献プログラム（人型ロボット「Pepper」を使ったプログラミング教育。2022年3月までに累計授業回数5万回を突破）」といったICTを活用した社会課題への取り組みや、地方創生と地域課題解決のための「地域CSR部門」を立ち上げたりしています。

なぜ、営業畑・マーケティング畑だった私が、CSR 部門を束ねるに至ったのか。そのきっかけは、2011 年、東日本大震災発災時の、社内有志で立ち上げた震災支援プロジェクト、そして、東日本大震災復興支援財団（現・子ども未来支援財団）の立ち上げへの参画にありました。

　ただボランティアチームを組んだり寄付活動をしたりするのではなく、財団を立ち上げようと思ったのには、理由があります。それは、私自身も子どもを持つ親として、
「被災した子どもたちが大人になり、そして地域の中で活躍できるようになるまでは、支援を継続するべきだ」
　と強く感じていたからです。

　幸いにもこうした思いをくんでくれる上司に恵まれたことで、CSR 部門に異動することができました。

　ソフトバンクグループの CSR 部門として、被災地の子どもたちに何ができるかと考えて立ち上げたのが、在日アメリカ大使館の協力を得て実現した「TOMODACHI サマー・ソフトバンク・リーダーシップ・プログラム（現・TOMODACHI サマー・ソフトバンク・リーダーシップ・プログラム 2.0 ～未来に向けてのレジリエントなコミュニティづくり～）」です。

　東北の未来を担う人材・未来の起業家や自ら行動できる人材

を育成するために、東日本大震災発生時に岩手県・宮城県・福島県に居住していた高校生（2.0からは大学生も対象）に米国カリフォルニア大学バークレー校などで3週間、地域貢献やリーダーシップについて学んでもらう。このプログラムは2012年からスタートし、のべ1000人を超える高校生に参加してもらいました。

　町の課題を把握し、それを解決する方法を探すために、フィールドワークやワークショップを行い、ディスカッションやプレゼンテーションでよりよい策を提案していくという内容です。

「ディスカッションが楽しかった」
「初めての経験ばかりで興味深かった」
　など、参加した高校生たちからのうれしい感想も寄せられました。しかし、このプログラムを組んだ者の一人として、一抹の不安がありました。

　3週間の間、高校生たちは確かに、実習が中心の米国流の学びに没頭していました。しかし、日本の座学中心の教育を受けてきた高校生たちの多くは、「それらの実習にはどういう意味があり、今後の現実の社会の中でどう生かしていけるのか」というところまで、考えられていなかったのです。

　実習にちりばめられた米国一流大学の先生方の「思考のスキル」に気づき、吸収している高校生はごくわずかでした。

**　米国での学びが、ただの「いい思い出」になってしまって**

は、もったいない。どうすれば彼ら・彼女らが能動的に課題を見つけ、解決策を考え、目的を見据えて実行できるのか。

　そこで、帰国した高校生たちに向けて、米国での学びを復習する講座を実施することにしました。

　どうすれば、米国での経験を生かすことができるのか。実践できる能力として身につけられるのか。どうすれば、より多くのことを社会に還元できるのか。そう考え抜いて生まれたのが、本書でお伝えするメソッドの原型です。

　そう、実は私が孫さんの近くで仕事をする中で学んできたことと、米国の先生方の教えには、共通点がとても多かったのです。**米国での高校生の学びを間近に見ていく中で、私自身が実務を通して学んできた細切れのノウハウが、体系化されていったのだと思います。**

　ありがたいことにこのノウハウは、高校生はもちろん、体験していただいた社会人からもご好評をいただいたことで、これまでにのべ6000人を超える方々に「池田ゼミ」として研修をさせていただきました。北海道から沖縄までの全国の市町村だけでなく、経営者のみなさんへの研修にも呼んでいただいています。

　本書は、そうした研修のテキストとしても活用できる1冊だと考えています。

本書でお伝えしていくこと

　さて、これまでお見せした表に、どのような感想を持ちましたか？　もしかしたら、

「方法を教えてもらうまでもなく、簡単にできそう」

　と思われたり、

「2次元の表だけで本当に抜け漏れなく考えられるのか、疑わしい」

　と思われた方もいるかもしれません。

　確かに、2次元の表ならば、私たちは子どもの頃から何かと作ってきているはずです。「それらしい表」であれば、誰でも作ることができると思います。

　ただ、そうした表を、単なる情報の整理のために使っていたり、「見える化」の一環としていたり、記録として残すための形式的なものと捉えたりしている方も多いのではないでしょうか。

　その使い方では、表の本質を理解しているとも、表の実力を使い切っているとも言いがたい、と私は考えます。

　表というのは、「抜け漏れなく、多角的に物事を考える」ツールであり、「思考を整理する」ツールでもあります。複雑な物事も、表に適切に落とし込めば、すっきりクリアに見えてく

るでしょう。

「表で」できること

複雑な情報をすばやく整理する
足りない情報を的確にあぶり出す
鋭い視点で比較検討する
物事を深く分析する
自身のアイデアを提案する
チームメンバーに責任ある仕事を促す
予定通りに物事を進める
抜け漏れのないコミュニケーションをとる
全体像・細部ともが一目でわかる提案資料をつくる
自分の「推し」を客観視点で把握・説明できる
どんなカリスマとも対等な立場で交渉できる

　また、例えば「キックオフ時点であっても、打ち合わせの前にはこのくらいまでは最低限考えていかなければいけない」とか「ここまで考え抜いてはじめて"ベストを尽くした"と言える」というような、**プロとしての心構え**の部分も、表を通して理解することができるでしょう。

　表は**コミュニケーションツール**でもあり、**合意形成に至るための最短ルートともなり得る**ものです。さらに言えば、会社の上司や部下・同僚、ビジネスパートナー、お客様とのいい関係性の形成につながったり、家族で楽しく過ごすことができたり

と、表の可能性は無限に広がります。

　表で考えるというのは、ただ単に事実を整理したり、見た目をよくしたりすることとは本質的に違います。

　本書では、その**シンプルな2次元の表が持つ力とその活用法**だけでなく、私自身が得てきたビジネスの心構え──**仕事で成功するために大事にしていること**なども、お伝えしていきます。

　私自身が決して優秀なビジネスパーソンとはいえなかった未熟な頃、私は冒頭のような言葉を孫さんからかけられたことをきっかけに、数千枚、いや数万枚でも足りないくらいの表を作ってきました。その中で編み出した表の作り方・使い方を、少しでもみなさんにお役立ていただければ幸いです。

Contents

1章 「表で」考える

と思ったので」／「意味を感じなかったので」「伝えるようなことではないと
思って」

2章 「表で」説明する・議論する

4章 「表で」人を動かす

1 章

「表で」考える

「新商品の体験会」を
表で考えてみると?

　ここからさっそく、表を用いた仕事の進め方についてお話ししていきます。

「表で考える」方法は、ビジネスやプライベートに限定せず、「情報を整理すること」「考えること」「議論すること」が必要なあらゆる場面で有用なものです。

　仕事に関していえば、いわゆる「クリエイティブ職」「企画職」の方でなくても、例えば、

「来月の販促のプランを考えてよ」

「わが社でもDX推進室を作るぞ」

「人材不足に対して我が社はどうすべきか、案を出して」

　などと言われた場合、あるいは、

「新規取引先として、ふさわしい企業を選ぶ」

「A案とB案で、どっちがより優れているかを比較検討する」

「プレゼンで、自身の考えを的確に伝える」

「外部企業との契約条件を詰めていき、よりよい落としどころを見つける」

など、様々なシチュエーションで活用できるでしょう。

　ただ、具体的なシチュエーションがあったほうが、表の効力
や、どのように表を使って考えていくかという方法論が、体感
としてわかりやすいと思います。
　そこで、ここでは仮に、「自社の新商品の体験会を上司に命
じられた」として、表の作り方、表を用いた考え方を見ていく
ことにします。

例題：I部長からの業務指示

I部長

　先日、ライバル会社の取締役のBさんと話をし
たときに大変興味深いことを聞いたので、さっそ
くわが社においても実施をしてほしいと思って、
君に内容を伝えるので考えてほしい。

　いつも新商品が出ると、広告宣伝や店頭での展
示展開、販売スタッフや関係者展開用の説明資料
や動画は制作しているが、年々商品の機能が複雑
化し、理解を得にくい状況が色濃くなっていると
感じている。
　そこでBさんから聞いたのは、商品理解とイン
フルエンサーを同時に構築していくために、先行
商品体験会を設けて展開するというものだ。

I部長

　体験会で商品を経験してもらうことはもちろん、それ以外にも特別なコンテンツを実施するなど工夫してほしい。東京だけでなく、主要都市では同様に展開して、全国で体験者を100名以上作って、各地で「限定インフルエンサー」のような呼称で活動してもらい、商品の差別化や理解促進を進めたいと思う。代理店や広告会社などの協力を得ながら効率的にかつ、効果的にできるだけ早く適切な時期にタイミングを逃さず行ってほしい。

　まずは、君を中心に企画を具現化して、組織として意思決定した上で、改めて営業マーケティング戦略会議にて披露してほしい。このチャンスをしっかりと形にしてほしい。期待しているぞ。

　さて、こんなシチュエーションで、あなたはどんな体験会を企画すればいいでしょうか。

「思考の抜け」
「ごまかし」がなくなる
2つの表

　ここから、2つの表を使って、新商品の体験会の企画について考えていきます。それぞれの表の活用法は後ほど詳しく説明していきますが、ここでは2つの表の違いについて、まずは理解をしてください。

表1：5W1H表（概要書）

　1つめは、私が「概要書」と呼んでいる表です。
　概要書の核となるのは、「5W1H」、つまり「When」「Where」「Who」「What」「Why」「How」です。本書では「5W1H表」と表記していくことにします。

　5W1Hが「過不足なく情報を伝えるために網羅すべきもの」であるというのは、みなさん、なんとなくご存じかと思います。
　「過不足なく情報を伝えられる」というのは、言い換えれば

「**その情報さえあれば、中身がわかる**」ということです。その
ため、この 5W1H を網羅して考えることで、抜け漏れなく情
報を整理し、検討することができます。

　ただし、よく知られている「When（いつ）→ Where（どこで）
→ Who（誰が）→ What（何を）→ Why（どうして）→ How（どん
なふうになった）」という順番は、まさに新聞記事など、事実をわ
かりやすく伝えることに特化したフレームです。
　今回のような、「与えられた情報を整理する」ためや「物事
を決めたりアイデアを出したりする」ためのものではありませ
ん。

　特にビジネスの文脈では、「いつ、どこで、誰が、何を、ど
うして、どんなふうにする」という順番に物事が決まっていく
ことはあまりありません。
　「**何のために（どうして）、何をやるのか**」があって初めて、「**い
つ、どこで、誰が、どんなふうに**」が決まっていくことが多い
と思います。

　これは、具体例で考えればわかるでしょう。特に目的も概要
も何も示されず、
　「1カ月後（＝いつ）、何かやるから考えて」
　などと言われることはないはずです。
　たとえこんなふうに言われることがあったとしても、たいて
いは「日頃からその旬の食品のマーケティング施策を打ってい

る部署で働いている」など、そもそも目的や概要が暗黙の了解としてある場合のみです（それでも、表を作る際には、暗黙の了解事項も改めて言語化したほうがいいですが）。

「何か達成したい目的」があり、そのために「何をするか（概要)」を考える。さらにそこから、関係者や場所、時期、詳細が決まっていく。この「仕事における思考の順序」に合わせて、ここでは表をカスタマイズしておきましょう。

　また、5W1H の各項目の意味のとり方も、ビジネスでより使いやすいように変更しておきます。

池田ゼミ式 5W1H

5W1H	意味	内容
Why	目的	そもそも何のためにやるのか？
What	概要	何をするか？
Who	関係者	誰が・誰と・誰に？
Where	場所	どこで？
When	時期	いつ？　いつからいつまで？
How	詳細	どのように？　どうやって？

表2：効果分析表

　2つめは、「効果分析表」と呼んでいる表です。効果分析表の主な役割は**よりよい案を選ぶための、対案の比較検討**です。

　例えば「Where：場所」は「A会議室がいいか、それともB会議室がいいか」など、5W1H表に書き入れるに当たって検討が必要になる場合があります。その際に、より目的に合う選択肢をフェアな視点で選ぶために効果分析表を用います。
　あるいは、5W1H表が2枚あるとき、つまり「2案のどちらを選ぶとよりよいか」など、アイデアそのものを比較検討する際にも、効果分析表は役に立ちます。

■「よりよいもの」を選び取るために必要な客観軸
　通常、ビジネスで何かを考える場合には、たった1案だけ考えて、最初に思いついた1案をとにかく推し進めるということはありません。いくつか、場合によっては何十も案を考えて、その中からよりよいものを選んでいくはずです。

　ここで問題となるのが、「よりよいもの」とは何か、どういう基準で選ぶべきなのか、ということです。

　例えば、3つの不動産物件を考えてみてください。1軒は郊外にある3LDK・庭付き・車庫付きの一軒家。2軒目は都心駅

チカマンションの1K。3軒目は某高級住宅街にある5LDKの豪邸だとします。あなたにとって「よりよい家」はどれですか？

　この場合、人によって、状況によって、目的によって、選ぶ家は違うはずです。不動産価値でいえば3軒目が一番高いかもしれませんが、自分でお金を払って住むとなったら、払いきれないかもしれません。あるいは、広すぎて部屋を持て余すなんてことも考えられます。

　世の中でいわれている価値の高さが、自分にとっての「よりよいもの」と一致するとは限らないのです。

　また、ここで挙げた3軒は極端なので、どれもよくない場合——この3軒から選ぶくらいなら、今住んでいる家に住み続けたほうがいいようなケース——もあるでしょう。
　「誰にとっても、どんな状況においても、何をするためにも絶対的にいい」ものが存在しない以上、どういう基準で検討する

のかは、とても大切な視点です。

　しかし、私たちはつい、自分のフィーリングだけで「これが
よりよい」と決めてしまいがちです。

　それが自分1人が住む1Kマンションなら、「なんとなくこ
の部屋が好き」と決めてしまってもいいと思います。しかし、
今回のように仕事で何か企画を立てる場合、あるいは発注先を
検討する場合などに、「なんとなくこれが好き」で決めること
はできませんよね。

「なぜ、別の企画ではなく、この企画なのか？」
「なぜ、別の場所ではなく、ここで行うのか？」
「なぜ、別の発注先ではなく、この会社なのか？」
　を、**客観的な視点で明確にしておくことは必須です。**

　どんなにビジネスライクに考えようとしても、私たちは**感情
と思考を切り離すことはできません。**

　特に、何か愛着があったり、反対に嫌悪感が無自覚にでもあ
ったりすると、フェアな視点で「よりよいもの」を選ぶことが
できなくなってしまうのです。

　こうした人間の性質がある以上、**「効果分析表」は、客観的
な視点で、「よりよいもの」を明確にするツールとして非常に
有効です。**

2枚の表は交互に・繰り返して使う

　ここで紹介した2種類の表は、それぞれ作ることで効果を発揮しますが、交互に、あるいは繰り返して使うことで、より企画の精度を高めたり聞き手に届くプレゼンの準備につなげたりすることができます。

　それは、「5W1H表」と「効果分析表」には、お互いに補い合う性質があるからです。

「5W1H表」と「効果分析表」の役割

	性質・用途・役割	注意点
5W1H表(概要書)	・与えられた情報を網羅的に整理し、不足を洗い出す ・1つの事柄を深く思考する ・全体像を一覧でわかりやすく伝える	・基本は1つの表に1つのアイデア。1枚に複数のアイデアを入れようとすると、思考が深まらなくなる ・複数のアイデアがある場合、客観的に比較することが難しい
効果分析表	・複数の事柄・アイデアを比較・評価する ・視点を変えて検討する ・利点や欠点を可視化する	・事柄・アイデアの全体像を示すことはできず、また網羅性もないため、メインの資料としては使えない ・思考のきっかけにはなるが、深めていくことが難しい

　「5W1H表」は、与えられた情報を整理したり1つの事柄を深く思考したり、あるいは全体像を捉え相手に伝えたり立場の違う人と議論する際に真価を発揮します。

一方で「効果分析表」は複数の事柄を比較したり視点を変えて検討したり、あるいはその選択肢やアイデアの優れた点・劣っている点を可視化する効果があります。

　そのため、例えば今回のように上司に指示されて新商品の体験イベント企画を考える場合には、

① 「5W1H 表」で、情報を整理する
　　　　　↓
② 足りない情報を収集して、「5W1H 表」に追記する
　　　　　↓
③ それでも埋まらない箇所については、それぞれ「効果分析表」を作り、アイデアを比較検討する
　　　　　↓
④ ③で検討したよりよいアイデアを「5W1H 表」に追記する
　　　　　↓
⑤ ②〜④を繰り返して、案を完成させる

　という形で「5W1H 表」と「効果分析表」を繰り返し、あるいは交互に使うことで、あなたの思考は深まり、多様な視点を踏まえた優れた企画ができあがっていくでしょう。さらに、

⑥ 新しい 5W1H 表を用意して、①〜⑤の要領で別案を（1

つ、あるいは複数）作る

↓

⑦　考えたすべての企画を「効果分析表」で比較検討する

↓

⑧　⑦を踏まえ、「5W1H 表」で「よりよいアイデア」をブラッシュアップする

↓

⑨　⑥〜⑧を繰り返し、よりよい企画に仕上げていく

とすると、様々な要素を考慮した「本当によりよい企画」の提案につながるでしょう。

ここからは、2つの表それぞれの作り方・使い方を見ていきます。

「表で」情報を整理する

「5W1H表」:「与えられた情報」を表にする

　I部長からの業務指示に話を戻して、表でアイデアを考えていきます。

　第1ステップは、**与えられた情報を5W1H表に落とし込む**ことです。

　さっそく次のような「ひな型」を用意して、表を埋めていきます。それでは1項目ずつ、何が入るか考えていきましょう。

5W1H 表のひな型

項目		内容	メモ (疑問点や懸念事項など)
Why	目的		
What	概要		
Who	関係者		
Where	場所		
When	時期		
How	詳細		

　まず、**「Why：目的」**。これについて I 部長は、「各地で『限定インフルエンサー』のような呼称で活動してもらい、商品の差別化や理解促進を進め」るためと言っています。

「年々商品の機能が複雑化し、理解を得にくい状況が色濃くなっている」

　という背景のもと、自社商品を広めてくれるインフルエンサーの育成を通じた新商品の理解促進をはかること。そして、広報活動によって、自社製品の差別化ポイントへの理解を周知すること。この2つを通して新商品そのものの販売を拡大したい、というのが目的といえます。

次に「**What：概要**」です。これに関してＩ部長は、

「商品理解とインフルエンサーを同時に構築していくために、先行商品体験会を設けて展開する」

　と言っています。つまり、Ｉ部長が目指しているのは、今回きりの体験会の開催ではなく、今後も見据えた広報活動の一環としての体験会の開催ということです。

　そこでここでは、具体的な指示内容である「体験会」だけでなく、今後も見据えた広報活動の一環という側面、つまり「広報活動」そのものも記入しておきましょう。

　続けて、「**Who：関係者**」。Ｉ部長は「体験者を 100 名以上」「インフルエンサー」と言っています。

　また、「代理店や広告会社などの協力を得ながら」とありますので、それも書き出しておきましょう。ただし、Ｉ部長は代理店や広告会社の話を持ち出してはいるものの、何をどう協力してもらうのかについては触れていません。

　4 つめは、「**Where：場所**」。これに関してＩ部長は、「全国で」「東京だけでなく、主要都市で」と言っています。東京と、それ以外のどこかということで、複数回の体験会となるのは間違いありません。

　5 つめは、「**When：時期**」です。Ｉ部長の指示では、時期に関連するキーワードは、

「できるだけ早く適切な時期にタイミングを逃さず行ってほし

い」

　でした。「できるだけ早く」と書いておくしかありません。

　そして最後に、**「How：詳細」**。ここにはまず、「先行商品体験会」が該当します。会場を借りて各地でイベントを行う旨を書いておきましょう。

　また、インフルエンサーを育成するわけですから、たった1回だけ体験してもらって終わりではなく、イベント体験後も日常において「広報活動」を実施してもらうことも考えたほうがいいでしょう。オフ会やSNS発信などでしょうか。

　以上のことをまとめて表に書き込むと、次のようになります。

指示内容でとりあえず表を埋めてみると……

項目		内容	メモ （疑問点や懸念事項など）
Why	目的	「限定インフルエンサー」の育成による新商品の理解促進と、広報活動による差別化への理解獲得・周知を通した商品の拡販	
What	概要	イベント　限定感のある新商品の体験会 広報活動　イベント後の広報活動促進	
Who	関係者	主体　当社 協力　広告会社？　代理店？ インフルエンサー　総勢100人以上＝@??名×開催箇所	協力社の役割は？
Where	場所	東京＋その他？　何カ所？	
When	時期	イベント　なるべく早く 広報活動　なるべく早く	
How	詳細	イベント　各地で会場を借り、1日イベントとして以下を提供 　・商品の体験 　・特徴の説明 　・広報に関する活動方法 広報活動　インフルエンサーによるオフ会、SNS発信など 　・オフ会の頻度、支援品 全体費用　？ 販促効果　？	対象商品、内容を精査

　なお、表の右側には「メモ（疑問点や懸念事項など）」の欄を作りました。ここには、「内容」の欄だけでは書き切れない疑問点や曖昧な点などを書き出しておきましょう。

　ポイントは、**気になることはすべて表の中に書き込んでおく**ことです。なるべく、表を見ればすべての疑問点や懸念点がわかるよう目指しながら、書き込んでいきます。

だいたいの指示・要望……
それだけでは表は完成しない

　これで表が完成……ではありません。Ｉ部長からの指示によって、なんとなく全部の欄が埋まったように見えますが、この表に載っている情報は「それっぽいこと」に過ぎず、曖昧な状態です。

　先ほどの表のうち、曖昧なものに色をつけてみます。

「とりあえず埋めた表」には曖昧な点が多い

項目		内容	メモ （疑問点や懸念事項など）
Why	目的	「限定インフルエンサー」の育成による新商品の理解促進と、広報活動による差別化への理解獲得・周知を通した商品の拡販	
What	概要	イベント　限定感のある新商品の体験会 広報活動　イベント後の広報活動促進	
Who	関係者	主体　当社 協力　広告会社？　代理店？ インフルエンサー　総勢100人以上＝@??名 × 開催箇所	協力社の役割は？
Where	場所	東京＋その他？　何カ所？	
When	時期	イベント　なるべく早く 広報活動　なるべく早く	
How	詳細	イベント　各地で会場を借り、1日イベントとして以下を提供 　・商品の体験 　・特徴の説明 　・広報に関する活動方法 広報活動　インフルエンサーによるオフ会、SNS発信など 　・オフ会の頻度、支援品 全体費用　？ 販促効果　？	対象商品、内容を精査

色文字：曖昧な点

■「曖昧なこと」に気づくための着眼点

「はっきりしていること」と「曖昧なこと」を区別するには、**「書いたことを部下や関係者に指示する」と考えてみる**といいでしょう。

　部下や関係者に、書いてあることをそのまま伝えたとして、相手がすぐに動き出せる（＝何をすればいいかわかる）のが「はっきりしていること」、それ以外は「曖昧なこと」です。

　例えば「Where：場所」を見てみましょう。

　ここに書かれている「東京」は、「東京のどこ」でしょうか？　また、主要都市といっても、「東京・大阪・名古屋」と捉える人もいれば、「東京・大阪・名古屋」に「福岡・札幌」を入れて捉える人もいるでしょう。

「東京・横浜・名古屋・京都・大阪・神戸」「東京・札幌・仙台・名古屋・大阪・広島・福岡・那覇」などの捉え方もできます。

　この指示では、そもそものエリアも、何カ所程度が適当なのかもわかりません。

「When：時期」についても同様です。先ほどの表には、「なるべく早く」とＩ部長の発言がそのまま記載されています。しかし、この内容を指示されたとき、部下や関係者は予定表に何かを書き込むことができるでしょうか？

　このようにして整理していくと、29 〜 30 ページのＩ部長か

らの指示は、**口頭であれこれ細かく言われたようでありながら、実ははっきりとした情報がほとんどなかった**ことがわかります。

　そうなのです。仕事で受ける指示の多くには、このような「足りない情報」「曖昧な情報」が含まれています。そうした情報を、**実際に動き出す前に、表で把握することが重要**なのです。

表にするだけで効率が上がる理由

　なぜこうした情報の整理を「表で」行う必要があるのでしょうか。

　今回のＩ部長の指示は、どう見ても曖昧で、情報が足りていません。こうした指示であれば、「これまで仕事では表を使ったことはない」という方でも、情報が足りないことに気づくはずです。となれば、
「曖昧な情報や足りない情報を把握するために、わざわざ表にする必要はないのでは？」
　と思われる方もいるかもしれません。しかし、それは違います。
　あえて一覧表にして、視覚化するということが、実はとても大切です。

　その理由は、私たちは何か情報を得ると、つい動き出そうと

してしまいがちだからです。

　実際、それなりに経験を積んでいる人であれば、曖昧だったり情報が不足していたりしても、ある程度「進めること」だけはできてしまいます。

　それで今、手元にある情報だけで物事を進めて、不明点にぶつかったときに逐一確認をとったり、あるいは勝手な判断や思い込みだけで決めてしまったりするのです。

　逐一確認をとっていれば、その都度、関係者とのやりとりが必要で、そのために時間もかかってしまいます。

　あるいは、勝手な判断や思い込みで進めてしまっているケースでは、自分自身は「勝手に判断している」「自分で決めつけている」という自覚がないことさえあります。

　そのため、本来指示された範囲を超えて進めてしまって、しかもそれが見当違いだったりして、一度進めたところから大きく戻ってやり直すことになりがちです。

　こうして、**時間や労力がどんどん浪費されていってしまう**のです。

　そうした事態に陥らないよう、**指示を受けたら5W1Hを表にして、不明点や懸念点を洗い出すことが必要**です。一覧表にすれば、「提示されている情報に不足があるか・ないか」という視点が働きます。

■ 仕事を爆速で進められる人だけが持っているこの「視点」

　この、「提示されている情報に不足があるか・ないか」という視点は、今回のように「指示を踏まえて企画を立てる」という状況だけでなく、単純作業を指示されて行うといったシンプルなケースでも非常に有用です。

　「すでに決まっていること」「指示している人が想定していること」と、「わからないこと」「確認が必要なこと」「まだ決まっていないこと」「これから自分で提案する必要のあること」を**はっきり区別すること**。

　これは、仕事をスピーディに効率よく、かつ求められるレベルを超えて進めていくためには必須のプロセスです。

「わからないこと」を表ではっきりさせるだけでロスが減らせる

	はっきりしている	はっきりしていない
決まっていること・わかること	ある程度の方向性と、何をどこまでやることが求められているかがわかるので、自信を持って進められる	ある程度進めたところで、前提条件を満たしていないなどの根本的な間違いが見つかって、やり直しになるケースも
まだ決まっていないこと・わからないこと	決めるべきことを正しく決めるための準備ができる　自分なりの提案を組み立てることができる	作業者が思い込みや独断で進めてしまって、指示者の期待に沿わない出来栄えになりがち

５Ｗ１Ｈは増やしてもいいが
減らしてはいけない

５Ｗ１Ｈだけでは足りないときは？

　ここまで、与えられた情報を整理して「5W1H表」を埋めました。

　ただし、必ずしも5W1Hの6項目だけで、情報が十分とは限りません。

　例えば、地方自治体などで研修をさせていただく際には、イベント企画をテーマに、次のような表を埋めてもらうワークを行っています。

池田ゼミワーク用 5W1H 表のフォーマット

大項目	小項目	内容	メモ
目的	我々		
	地域		
	会社・グループ		
内容	概要		
	使用機材		
関係者	主催		
	実施協力		
	参加対象者		
	規模		
時期	告知時期		
	イベント実施日		
場所	開催場所		
運用	集客		
	予算充当		
	費用		
	当日運用		

　5W1H 表といいながら、この表は 16 項目を書かないと完成しない、というわけです。

　しかしよく見ると、それぞれの小項目をくくる大項目（「目的：Why」「内容：What」「関係者：Who」「時期：When」「場所：Where」

「運用：How」）は5W1Hそのものであることがわかるでしょう。

このように、大項目に5W1Hを置き、その下の階層に小項目を作ると、過不足なく書き出しやすくなります。

今回事例として扱っているI部長からの指示でいえば、「Who」に当てはまりそうな情報が複数見つかるはずです。「全国で100名以上の体験者」、あるいは「代理店や広告会社」や「限定インフルエンサー」もWhoです。

その場合には、Whoの項目をより細分化して、

大項目	小項目	内容	メモ
Who	主体	当社	
	協力	代理店・広告会社	協力社の役割は？
	参加対象者	「限定インフルエンサー」	

とすることもできるわけです。

5W1H表で網羅的に考えるためのポイントは、「5W1H」の要素を軸に、どんどん細分化したり分岐させたりして考えていくことです。
このように考えていくことで、より緻密に、抜け漏れなく思考するための表に仕上げていくことができます。

仮に、今回のI部長のケースでも、池田ゼミでのワーク用の

細かい 5W1H 表を作っていくのもいいですね。

　そうすると「Who：関係者」は最初から、「主催」「実施協力」「参加対象者」「規模」と分かれています。ここに埋めていくことで、どんな項目をはっきりさせていかないといけないのかが、すぐさまクリアになるでしょう。

　また、追加の情報収集に行く場合も、この細かい表を作って持っていけば、「話に出なかった箇所」を積極的に聞き取ることができます。

　仮に I 部長に聞き取りにいった際に「運営協力」の話がまったく出なければ、あなたのほうから質問することができるというわけです。

　どんな表を作り、空欄を埋めていけば、より目的に合った形で情報を収集できるのか。この辺りは、みなさんそれぞれの仕事に合わせて工夫していただければと思います。

　まずはシンプルな 5W1H 表から作ってみて、その下位項目としてあったらより便利なもの、考えやすいものを付け加えていってあなただけの「5W1H 表」フォーマットを作り上げてください。

「なくてもわかるだろう」
「自分にとって意味がないし」が落とし穴

　5W1H 表は、項目を細分化して増やしても OK です。一方、

「勝手に項目を減らす」のは厳禁です。**どのような形であっても、「5W1H」の全部を書いておくことは必須**です。

　しかし、このようにお伝えしても、いざ表を作ってみると、勝手に項目を削ってしまう人がいます。
　その人たちに理由を聞いてみると、その理由には傾向があることがわかりました。

■「当たり前のことなので」

　勝手に項目を削った理由を尋ねた際に多く挙がるのは、「こんな当たり前のこと、書かなくてもわかりますから」というものでした。

　例えば、今後開催予定の社内イベントについての表を作っていたとします。その会社では、社内イベントはいつも「セミナールーム」を活用していました。今回も同様に「セミナールーム」の予定です。こうした場合に、
「いつもと同じ場所なので、書く必要はないと思って」
　などの理由で、欄そのものを削ってしまってはいけません。必ず5W1H表には場所の欄を設け、「セミナールーム」と書いておく必要があります。

　なぜ、「当たり前」でも、書いておかなければいけないのか。それは、**「当たり前」は人によって違うから。そして、「書かない」ということで検討するチャンスを失うからです。**

1つの組織内であっても、勤続年数も違えば、経験値や暗黙の了解も人によって異なります。こうした「当たり前」のズレに気づかずに進めてしまうことは、トラブルの温床ともなり、また大きな機会損失にもつながり得るものです。

　自分が「当たり前」と思っていることについても、知らない人がいるかもしれません。**抜け漏れなく情報を整理し、共有するためには、「当たり前」であっても5W1Hを勝手に削ってはいけません。**

　また、「そもそも、それは本当に当たり前なのか」という問題もあります。今回の社内イベントの話でいえば、「いつもセミナールームで開催しているから、今回もそこで」というふうに決めていたとしたら、**それが本当にいい選択かどうかはわかりません。**イベントの内容によっては、他の会場を借りたほうがいいこともあるでしょう。

　表に改めて書いておくことで、
「本当に、今回のイベントはセミナールームが最適な場所なのか？」
　を検討するための土台ができるのです。

　さらにもう1つ付け加えると、「場所はセミナールームでやるのが当たり前」という思い込みを前提に企画を考えていると、いつの間にか、「セミナールームでできるイベント」という枠ができてしまうことにもなりかねません。枠があるとアイ

デアの可能性を狭めてしまいます。

「イベントの目的によって、場所は変えるべき」という前提を見失わないためにも、やはり表に「場所」の欄を残しておくことは必須です。

■「書かなくてもわかることなので」
「なくてもいいと思ったので」

前項と少し似ていますが、「書かなくてもわかることなので」というのも、多くの方が勝手に項目を削ってしまう理由の1つです。

私が普段、企業や自治体でセミナーをさせていただく際に、必ずするゲームがあります。それは、参加者を5人のチームに分けて行う謎解きゲームです。

各チーム内のメンバーは、それぞれ情報A・情報B・情報C・情報D・情報Eのうち、1つだけを与えられます。そのアルファベットの情報を与えられるのは、チーム内で自分のみ。その情報を、一定のルールの下でチームメンバーに共有することで、初めて正しい答えにたどり着ける仕組みになっています。

一定のルールというのは、「指定されたメンバーとしかやりとりをしてはいけない」ということと、「しゃべってはいけない。伝えたいことは自分で紙に書く」ということです。

A〜Eの情報がすべて適切に共有されれば、5分程度で必ず

答えにたどり着ける簡単なゲームであるものの、正解にたどり着くのは、だいたい半分のチームです。

　なぜ多くのチームは、ゴールにたどり着けないか。その理由は、**チームの誰かが、「この情報はいらない」と削ったり、「この1文字くらいなくても伝わるだろう」と省略してしまったりするからです。**

　これはゲームの話ではありますが、実際の仕事でも同じです。
「いらない情報だと思った」「伝えなくてもわかると思った」「効率化のため」などは、5W1Hを表から削除する理由にはなりません。

■「意味を感じなかったので」
　「伝えるようなことではないと思って」

　もうひとつ、「取るに足りない」という理由で項目を削ってしまう方もいます。
　前述の謎解きゲームには、本当は謎を解くための重要なポイントなのに、それだけではその意味を感じにくい情報がいくつかちりばめられています。
　すべての情報が出そろってみればその情報こそが謎を解くカギであるのに、その情報単独で見れば「意味がよくわからない」。こうした情報は多くの場合で共有されず、結果としてチームは、カギとなる情報がないままゲームを進めなければいけ

ないことになります。

　こうしたケースは、ビジネス上も珍しくありません。実はカギとなる情報を持っている社員やメンバーがいるのに、それが共有されない。
　そのために決裁者は、決定できずに機会を逃してしまったり、ある種の勘や思い切りで決めなければいけなくなる……。こうなれば、成功率が下がってしまうのは当然です。

　こうした、本当は重要な情報なのに、伝達されないという事態を防ぐためにも、**5W1Hは絶対に削らずに、必ず欄として残しておく。当たり前のことでも書き込んでおくことが不可欠**です。

足りないものを見つけるのは、書かれた間違いを見つけるより数段難しい

　さて、この項目の削除について、
「削ってしまっても、重要な問題ならば再度検討されるはずなので、大きな問題にならないのではないか」
「不確定な要素を書いてしまうと、混乱を招くのではないか。それならばないほうがいいのでは」
　などと感じた方もいるかもしれません。

　しかし、その考えは誤りです。なぜかというと、いったん消

してしまうと、私たちは不思議なくらいその視点を失ってしまうから。

　書かれた物事について、正しいか・間違っているかを検討することに比べて、**「そもそも書かれていないこと」に気づくのは難しいものなのです。**

　以前、私は友人から、日時の書かれていない結婚式の招待状を受け取ったことがあります。急いで詳細を確認したところ、手作りであれこれ工夫しているうちに日時を誤って消してしまい、それに気づかず郵送してしまったのだとか……。

　どうやら全員に「日時なし」で送ってしまったそうで、改めて招待状を出し直すから破棄してほしいと言われました。

　受け取った側からすれば、「日時の書いていない結婚式の招待状なんてあり得ない」と思うかもしれません。彼らだって、試行錯誤して作り上げた招待状です。手書きのメッセージも添えてあって、確かに素敵な仕上がりでした。それなのに、まさかそんなミスがあるとはと本人たちも驚いたはずです。

　これが、まだ日時が例えば「14月35日（土）33時〜」などとあり得ないことが書かれていれば違和感がありますから、まだ発送前に気づけたかもしれません。

　本当は書くべきなのに、書かれていないという事態を防ぐ。そのためにも、網羅的に考えること、つまり**最初に 5W1H の要素を書き出して、それを勝手に消さない**ことは重要です。

「情報の整理」だけでは、
表が埋まらないこともある

　では、5W1H表が埋まらない場合（ただし、メモ欄は空欄でもOK
です）には、どうしたらいいのでしょうか。あるいは今回のよ
うに、「埋まったけれども、"？"ばっかり」という場合には、
まず何をしたらよいのでしょう。

　表が埋まらない、あるいは"？"ばっかりになってしまう理
由としては、大きく2つ考えられます。

　1つめは、**情報収集が不足している**ケースです。

　本当は指示者の頭の中にはもっと詳しい情報や要望があるの
に聞き取れていないという場合もあれば、指示者自身は情報を
持っていないものの情報のありかだけは知っていて、「この点
についてはJ部長に聞いておいて」などと指示される場合もあ
るでしょう。

　ここで集まる「情報」とは、言い換えれば、**これから進めて
いく企画提案の前提ともなる条件であり、必ず押さえなければ
いけない点**です。

　例えば今回のように、I部長としては「インフルエンサーを
育成するための商品の体験会の企画」を立ててほしいのに、説
明の中でうっかり「商品の体験会」という要素を落としてしま
ったとします。それであなたが「インフルエンサー向けのノベ
ルティ配布企画」を持っていっても、受け入れられるはずがあ

りませんよね。

　この根本的な情報収集不足は、140 ページで紹介する「ホウレンソウ」の方法や、213 ページの「布石」によって、ある程度解消が可能です。

　2 つめは、あなたの**アイデアや考えを添加する**ことが求められている場合です。今回の I 部長のケースでは、I 部長自身はあなたに指示したこと以上のイメージを持っていませんでした。となれば、表の“？”が残る部分に関しては、何かしらの案（たたき台）を作っていって、提案していくことが求められます。

　ただし、案を作るとはいっても、ただ思いつくままに書き込むだけではたたき台にもなりません。**提案には、何かしらの根拠や一貫性が必要**です。

　ここで登場するのが、先ほどご紹介した「2 つめの表」の「効果分析表」なのです。

　さっそくこの“？”だらけの表から、企画提案を作るというステップに進んでいきましょう。

「表で」企画提案を考える

表の中の「?」や「空欄」をどうするか

　次のページに示したように、表にしてみてわかったのは、今の時点で明らかになっているのが「Why：目的」と「What：概要」だけということでした。

　ここから、"?"の部分（ある場合には空欄部分）について、提案内容をまとめていきます。

　まだ決まっていない事柄は、「Who：関係者」「Where：場所」「When：時期」「How：詳細」です。では、このうち、どこから考えていくのがいいでしょうか。

46 ページの表の再掲

項目		内容	メモ (疑問点や懸念事項など)
Why	目的	「限定インフルエンサー」の育成による新商品の理解促進と、広報活動による差別化への理解獲得・周知を通した商品の拡販	
What	概要	イベント　限定感のある新商品の体験会 広報活動　イベント後の広報活動促進	
Who	関係者	主体　当社 協力　広告会社？　代理店？ インフルエンサー　総勢100人以上＝@？？名×開催箇所	協力社の役割は？
Where	場所	東京＋その他？　何カ所？	
When	時期	イベント　なるべく早く 広報活動　なるべく早く	
How	詳細	イベント　各地で会場を借り、1日イベントとして以下を提供 ・商品の体験 ・特徴の説明 ・広報に関する活動方法 広報活動　インフルエンサーによるオフ会、SNS発信など ・オフ会の頻度、支援品 全体費用　？ 販促効果　？	対象商品、内容を精査

色文字：曖昧な点

より企画意図を明確にするための
「目のつけどころ」

考える順番には「正解」や「不正解」はありません。企画者（あるいは指示者）の思いや意図に合わせて、あるいはその企画の自由度を踏まえて、考えやすい順番に決めていきます。

例えば「PCR検査センター」の立ち上げのために動いていたときは、私はまず表の「When：時期」から考えていきました。それは、**最短で進めること**が、**日本の社会や経済のために最重要だ**と考えていたからです。

あるいは、東北の被災3県の小中学生を対象に、スポーツを中心とした活動を通じて夢や希望を持ってもらう機会を提供したいと企画推進した「SoftBank東北絆CUP（カップ）」（バスケットボール・野球・サッカー・自転車・卓球・吹奏楽などで構成。プロの試合・練習などで使われる会場を利用し、普段は出会うことのない子どもたちとの親善試合や有名アスリートとの交流、大きな舞台での演奏など、特別な体験ができる大会）では、「Where：場所」と「Who：関係者」から入りました。

この理由は、そもそもこの企画発案のきっかけが、「被災地では避難によって、小学校や中学校のコミュニティが壊れてしまい、部活の試合などで交流する機会も失われてしまった」と知ったから。この課題に対しては必然的に「東北3県で」「小中学生に」というところから決まっていきました。

このように、**どこから見ていくかは考え方次第であり**、か

つ、ときには**複数項目が一気に決まる**ことさえあります。

　こうした前提を踏まえ、今回の企画を見てみましょう。

　まず、全体的に"？"が残っている、かなり自由度の高い企画であることがわかります。つまり、「ある特定の項目から考えなければ、Ｉ部長の指示を達成することができない」ということも、「ある特定の項目次第で、成功するかどうかが決まる」ということもなさそうです。

　また、Ｉ部長は言葉の端々で「特別感」「限定感」に触れています。

　そこで、企画者の「私」は、イベントの中身をよりよくすることから考えていくことにしました。

自分なりに表を埋めて「たたかれ台」を作る

　前述のように、Ｉ部長の指示を受けた企画者の「私」は、今回の目的「『限定インフルエンサー』の育成による新商品の理解促進と、広報活動による差別化への理解獲得・周知を通した商品の拡販」のためのよりよいイベントはどのようなものか、「How：詳細」についてを考えることにしました。

　以下が、「私」が考えた内容です。マーカー部分が、「私」のアイデアです。

「私」が考えた体験会・広報活動の案

項目		内容	メモ (疑問点や懸念事項など)
Why	目的	当社の主力商品 A についての、「限定インフルエンサー」の育成による新商品の理解促進と、広報活動による差別化への理解獲得・周知を通した商品の拡販	
What	概要	イベント　限定感のある新商品の体験会 広報活動　イベント後の広報活動促進	
Who	関係者	主体　当社 協力　広告会社　サポート＋PR 　　　代理店　機材手配 インフルエンサー　一般希望者 総勢 100 人以上＝@？？名×開催箇所	
Where	場所	東京＋その他？　何カ所？	
When	時期	イベント　なるべく早く 広報活動　なるべく早く	
How	詳細	イベント　各地で会場を借り、1 日イベントとして以下を提供 　・商品の展示と、説明パネルの設置、自由に出入り可能 広報活動　インフルエンサーによるオフ会、SNS 発信など 　・周辺の方に説明、SNS で投稿、商品券 5000 円 全体費用　@東京　300 万（会場 100 万＋運営 100 万＋設備 100 万） 販促効果　？	（A ショッピングモールの催事場　＊＊平米程度）

色文字：曖昧な点　　　　　：「私」のアイデア

マーカー部分を埋める際の思考のプロセスをたどっておきます。

「イベント」と「広報活動」のうち、まずあなたはイベント、つまり体験会から考えることにしました。

　まずは対象商品です。あれこれ持っていって体験してもらうよりも、「主力商品A」だけに絞ったほうが、より体験会で印象に残るだろうと考えました。

　主力商品Aは、これまでの自社顧客から評判のよかったいくつかの機能を盛り込んでおり、また細部までデザインにこだわっていると聞いています。それらの機能や特徴を、体験会に来た人たちに知ってもらうためには、やはり触ってもらうのが一番でしょう。

　そこで、商品を展示するだけでなく、自由に触ってもらえるようなブースを作ることにしました。

　また、見たり触ったりしただけではわかりにくいいくつかの機能については、パネルを作って解説をすれば、広く知ってもらうことができそうです。

　なるべく多くの方に体験してもらうために、会場自体は出入り自由にして、朝9時から夜6時までの時間で、自由に来場いただく形がいいのではないかと考えました。となれば、ショッピングモールの催事場を借りて、買い物に来た人たちから広く希望者を募るのがいいでしょう。

　会場イメージは「Aショッピングモールの催事場」で、「＊

＊平米くらいあればいいか」「会場費は 100 万円くらいか」と
見当が付いていきます。

　また、運営自体は自社のメンバーで行い、イベント代理店に
機材手配を、販売代理店には人員を出してもらい、運営サポー
トをしてもらうことで、より円滑に進むと思われます。
　これで、イベントについてはだいたい見えてきました。

　続けて「広報活動」です。体験会でノベルティを渡すように
して、それを周囲の人にクチコミ発信してもらうようにすれ
ば、体験会後の広報活動にもつながるでしょう。
　そのためには、発信を依頼するための資料とノベルティの準
備が必要です。また、体験会後 1 年以内に効果的に発信をして
くれた人には、謝礼として商品券 5000 円分を用意すること
で、活発な投稿を促せるでしょう。

　このように書いていくと、まるで「私」が、このイベントの
大部分を「勝手に決めている」印象を持つ方もいるかもしれま
せん。しかし、ここで書いているのは、あくまで**「たたかれ
台」。指示者である I 部長に提示して実際の内容を詰めていく
ための「たたき台」以前の未定事項で、「ジャストアイデア」
に近いもの**です。
　実際に仕事で表を作っていく際も、このプロセスで書き込ん
だ「たたかれる部分」については色を変えておくなどして、**決
定事項とは区別しておく**ことをおすすめします。

「つっこみどころのない完璧な企画書を作る」
よりも大事なこと

「こんなふうに回りくどいことをせずに、表で情報を整理した段階でⅠ部長に相談したほうが早いのでは？」

と思われた方も、もしかしたらいるかもしれません。それは違います。

いえ、今回のⅠ部長からの指示に、特に**企画要素がなく、ただ「言われたことをやる」ことを求められているのであれば、表で情報を整理した時点で足りない情報を聞きにいくのは正解**でしょう。

しかし、今回は、多分に企画要素を含んでいます。表の埋まっていない箇所や"？"の箇所について、Ⅰ部長がすでに何かを決めているということはなく、言ってしまえばまだ誰も正解を持っていない状態です。

その状態で、ただ情報を整理しただけのものを持っていっても、Ⅰ部長としては、

「少しは頭を使え！」

と思うだけです。もう少しⅠ部長が親切ならば、

「自分で考えた上で、最良だと思う提案をしてこい！」

と言ってくれるかもしれません。

実際、**情報を整理しただけの表を持っていくと起こるのは、「部長のご意向のお伺い」**。部長に決めてもらおう、という考え

が透けて見える、責任を放棄した思考です。

　確かにそれで決まることもあるかもしれませんが、いくらＩ部長が優秀なビジネスパーソンだとしても、いきなり目の前に表を出されて、

「ここはどうしましょう？」

　と聞かれていくのでは、論理的思考はできません。その場その場でなんの根拠もなく決めていかざるを得ないでしょう。そうしてできた企画そのものも、行き当たりばったりなものになってしまうというのは言うまでもありません。

　そうして、**「部長に決めてもらった、いまいちな企画」ができてしまえば、部下としてはもう何もできません。**

「部長に決めてもらった」以上、いまいちな点を見つけたとしても、今さら何か意見を言うのは難しい。「本当にこの企画で、目的を達成できるだろうか」と疑問に思ったとしても、後の祭りです。

　そうならないように、自分なりに「たたかれ台」を作っておく。その際には、なるべく根拠となるデータや、なぜその提案をあなた自身がいいと思うのかを客観的に示せる資料（＝効果分析表）を作っておく。

　そうしてからＩ部長にたたいてもらうことで、よりよい提案ができるのです。

　企画提案で目指すべきは、「つっこみどころのない完璧な企画」を自力で立てることではありません。**自分より優秀な人**

（ここでは I 部長）の知恵をうまく借りて、表の「目的」をよりよい形で達成することです。その過程では、この「たたかれる」というプロセスは必須です。

　たたかれることによって、**アイデア自体が磨かれるだけでなく、あなた自身の企画力も上がっていくでしょう。**「たたかれること＝悪いこと」と思わずに、ぜひやってみてください。

5W1H表は「何枚でも」作る

　さて、「私」は 67 ページのようにひと通り表を埋めてみたものの、「なぜこの企画がいいと思うか」の客観的な材料を集められずにいました。また、「特別感」や「限定感」という、I 部長が重視していたものを落とし込めているとは思えませんでした。

　それで、別件での mtg の際、I 部長に、
「先日の体験会ですが、ピンとくる案が思いつかなくて……」
　と相談したところ、それならマーケティング部に話を聞いてみたらどうか、とアイデアをくれました。さっそくあなたはマーケティング部員（ここでは M さんとします）から相談の時間をもらうことができました。

　さて、表をもとに、自身のアイデアを M さんに説明したと

ころ、Mさんの反応はやはり芳しくありませんでした。また、

・今の案だと特別感や限定感が感じられないこと

・そもそも普段からやっている体験会とほぼ同じなので、新しい取り組みとはいえないこと

などを指摘されてしまいました。

では、どうしたら「特別感」や「限定感」を出せるのか。それについても、いくつかアドバイスをくれました。

・A商品に絞るのは賛成。ただ、A商品の5つある特徴を、たった1回の体験会で全部わかってもらうのは難しいのではないか

・著名人を呼んでA商品を使ってもらい、商品の特徴を体験談とともに話してもらうのはどうか

・商品の機能を生かして、何かゲームができないか

・イベントは3時間くらいにまとめたらどうか

・対象を発信力のあるインフルエンサーにして、各年代から興味関心のある人を10名以内くらいずつ、男女混合で呼んだらどうか。その後、数名程度のオフ会を実施して、発信してもらったらどうか

・謝礼は、割引クーポンなどその商品に関係することに使ってもらえるように仕掛けられないか

・広報の協力者にはA商品をプレゼントし、また次の新商品を優先的に体験してもらえるようにしたらどうか。その基準は、オフ会の参加回数と、SNSの投稿頻度と回数で決めたらどうか

・今後の広報活動について、きちんと説明をする時間を設けたほうがいいのではないか

M さんのアドバイスは、自分の案よりも「特別感」や「限定感」の面で優れているように思えます。そこで、M さんから聞いたことを踏まえて、もう 1 枚、5W1H 表を作ってみることにしました。

M さんの意見をもとに考えた体験会・広報活動の案

項目		内容	メモ (疑問点や懸念事項など)
Why	目的	当社の主力商品 A についての、「限定インフルエンサー」の育成による新商品の理解促進と、広報活動による差別化への理解獲得・周知を通した商品の拡販	
What	概要	イベント　限定感のある新商品の体験会 広報活動　イベント後の広報活動促進	
Who	関係者	主体　当社 協力　広告会社　サポート＋PR 　　　広告代理店　企画運営 インフルエンサー　数十名（学生、20 代、30 代、40 代、50代以上　各 10 名以内想定、男女混合）総勢 100 人以上＝@？？名×開催箇所 著名人　？	
Where	場所	東京＋その他？　何カ所？	

When	時期	イベント　なるべく早く 広報活動　なるべく早く	
How	詳細	イベント　各地で会場を借り、3時間イベントとして以下を提供 ・特徴の説明と著名人による体験談 ・A商品の体験とゲームによる実践 ・広報に関する活動方法の説明 広報活動　インフルエンサーによるオフ会、SNS発信など ・オフ会年8回以上、SNS75投稿（週1〜2回）以上 　→A商品無料、次期体験 全体費用　@東京　800万（会場300万＋運営300万＋設備200万） 販促効果　？	3時間＝ オープニング・説明30分 体験　45分 ゲーム　60分 広報　45分 など？ （Bホールなど　××平米程度）

色文字：曖昧な点　　　　　：「私」のアイデア
　　　　　　：Mさんのアイデア

　なお、5W1H表に書き込むことについて、例えば「イベント時間を3時間にするか、4時間にするか」「オフ会は何回でSNS投稿は何回にするか」なども、この段階でも効果分析表を用いて検討するとより質を上げることは可能です。

　ただし、まだ大きな方向性が決まっていない段階で細かいことを詰め始めると、作業が増え、時間ばかりがかかってしまいます。そこでここでは、大きな方向性を決めるためと割り切って、暫定的なことであっても書き込んでおきましょう。

　実際に企画として提案するとなってから、細部については詰めていけばいいのです。

「表で」アイデアの優劣を
比較する

「効果分析表」：3段階で評価して比較検討する

さて、同じ企画について、2枚の5W1H表ができました（67ページ、74〜75ページ）。

それでは、どちらの案がより、今回の目的（Why）に合っているといえるでしょうか。ここでは効果分析表を使って、2つの案を比べていくことにしましょう。

まず、縦軸です。縦軸には選択肢、この場合には自分の案か、マーケティング部Mさんの案かが入ります。

効果分析表でどちらの案がよりよいかを検討する

	総合評価			
自分の案 自由参加＋体験				
マーケMさん案 著名人トーク＋ゲーム				

では、横軸には何が入るでしょうか。横軸に入れるのは、判断する際に重要となるポイントです。あなたは、I部長からの指示、そしてマーケティングからの聞き取りを通して、

- 体験によって、伝わりにくいA商品の差別要素を理解できるか？
- 来場者がインフルエンサーになってくれるくらい体験会が「特別である」と感じるか？
- 費用対効果はどうか？

という3点が、今回の企画においては重要だと感じました。

この3点を踏まえると、横軸には、**「理解度」「特別感」「コスト」**を入れるのが望ましいでしょう。

横軸には目的達成のための必須の評価ポイントを入れる

	総合評価	理解度	特別感	コスト
自分の案 自由参加＋体験				
マーケMさん案 著名人トーク＋ゲーム				

これで、効果分析表の枠組みができあがりました。

なお、ここでは横軸の項目として3つを選びましたが、他にも重要なポイントがあれば、列を増やして追加してください。

効果分析表は「縦」に埋めていく

　枠組みができあがったら、この表の「総合評価」以外の列の空きマスに、それぞれ3段階評価で何点になるのかを書き込んでいきましょう。

　このとき、なるべく**客観的な視点で判断するため**には、**表を縦に見て数字を埋めていく**のがおすすめです。

表は縦に見る

		総合評価	理解度	特別感	コスト
自分の案 自由参加＋体験			↕	↕	↕
マーケMさん案 著名人トーク＋ゲーム			↕	↕	↕

　例えば「理解度」という点で優れているのは「マーケMさん案」でしょう。ならばそこに「3」と書き込む。「自分の案」ではあまり理解を得られなさそうなので「1」を入れる、という要領です。

　このように考えることで、点数の根拠を求められた際にも、
「理解度という点で、著名人のトークとゲームは、ただ展示して触ってもらうよりも上がることが期待できます」
　と比較の経緯を説明することができます。

また、**表の中にこの点数を付けた理由を簡単に添えておく**と、見直した際やプレゼンで使用する際に便利です。

　さらにデリケートな検討事項であれば、**専門家や第三者の評価、もしくはリサーチなどのデータを活用して評価することも、客観性につながります。**また第三者の評価やデータも表に少しメモしておくと、資料作りやプレゼンの際に便利です。

　なお、いくつかの案がまったく同じ評価だと思えば、縦に同じ点数が並んでもかまいませんが、**4〜5案くらいの比較であれば、5段階評価などにして、なるべく数字を重複させないように検討したほうが、後々表として扱いやすいでしょう。**

　一方、やらないほうがいいのが、表を横に見て、「マーケMさんの案は理解度では3点、特別感の点では3点……」と考えることです。こうしてしまうと、**無意識にでも自分が気に入っている案ほど全体的に高めの点数になりがちです。またそれぞれの点数の根拠を説明しようとした際にも、主観的な説明しかできなくなってしまいがち**なので注意が必要です。

　さて、体験会のケースに戻って、表を埋めていきましょう。
　特別感の点では、著名人を呼んで、ゲームという形で体験できるマーケMさんの案は「3」点でしょう。一方、ショッピングモールで買い物帰りに立ち寄れる自分の案は「1」点でしょう。

費用対効果の面ではどうでしょうか。効果はわからないので、ここでは費用だけに絞って考えると、著名人を呼んだりゲームができる会場を借りたりすると、やはりコストがかかります。5W1H表時点での概算で、マーケMさん案は800万円です。

　一方、自分の案は300万円ですから、マーケMさん案が「1」点、自分の案が「3」点です。

点数の根拠となる情報はなるべく書き込んでおく

	総合評価	理解度	特別感	コスト
自分の案 自由参加＋体験		1	1	3 300万円
マーケMさん案 著名人トーク＋ゲーム		3	3	1 800万円

　ここまで埋まれば、あとは数字を横に足し合わせて、総合評価を算出します。自分の案は合計で5点、マーケMさんの案は合計で7点です。

　さらに、後で見て比較のポイントがわかるように、表の上に、「前提・評価すべきポイント」をまとめておきましょう。

イベントは、マーケ M さん案が「よりよい」

前提・評価すべきポイント
- 体験によって、伝わりにくい A 商品の差別要素を理解できるか？
- 来場者がインフルエンサーになってくれるくらい体験会が「特別である」と感じるか？
- 費用対効果はどうか？

	総合評価	理解度	特別感	コスト
自分の案 自由参加＋体験	5	1	1	3 300 万円
マーケ M さん案 著名人トーク＋ゲーム	7	3	3	1 800 万円

　これで、体験会はマーケ M さんの案のほうがよさそうだということがわかります。

　続いて、広報活動についても効果分析表を作って比較してみます。縦軸はこれまでと同様に「自分の案」と「マーケ M さん案」です。各マスの下段にも、端的にその内容をまとめておきましょう。

比較検討する事柄ごとに表は新しく作る

	総合評価			
自分の案 クチコミ				
マーケ M さん案 オフ会＋ SNS				

続いて横軸です。今回前提とすべきは、「自社商品の差別化部分を正しく伝えられるか」「広く知ってもらうことができるか」でしょう。また、インフルエンサーとしての役割を期待している以上、「継続して活動をしてもらえるかどうか」も見落とせないポイントです。

　これらを箇条書きにすると、
・商品の特徴（差別化のポイントなど）を深く伝えられるか？
・広く情報が伝わる仕組みがあるか？
・活動にモチベーションを持って続けてもらえるか？
となります。
　表には、それぞれに対応させて、「情報の深さ」「広がる力」「モチベーション」と書いておきましょう。

まずは横軸に評価の観点を書き込む

	総合評価	情報の深さ	広がる力	モチベーション
自分の案 クチコミ				
マーケ M さん案 オフ会＋SNS				

今回も3段階で、縦に埋めていきましょう。

まず「情報の深さ」です。

自分の案は、自由に触ってもらって、自由に伝えてもらう形です。伝わり方をコントロールすることができないので「1」点となるでしょう。

一方、マーケMさん案は、オフ会で接点を持つことで、伝わり方をコントロールできます。こちらは「3」点でしょう。

次に「広がる力」です。

自分の案はSNSのクチコミ頼みです。一方、マーケMさん案では、ハッシュタグを付けての投稿の方法についても詳しく説明をします。

そこで、マーケMさん案を「3」点、自分の案を「1」点としておきましょう。

最後に、「モチベーション」です。

マーケMさん案は、次回の特別優遇があるため、特別感があり、続けるモチベーションとなりそうです。なので「3」点。

一方、自分の案は、一度商品券をもらったらその後は続ける意欲が湧かない可能性が高いでしょう。「1」点となります。

これらを書き込み、総合評価を足し合わせると、次のようになります。

広報活動も、マーケ M さん案が「よりよい」

前提・評価すべきポイント

　　・商品の特徴（差別化のポイントなど）を深く伝えられるか？
　　・広く情報が伝わる仕組みがあるか？
　　・活動にモチベーションを持って続けてもらえるか？

	総合評価	情報の深さ	広がる力	モチベーション
自分の案 クチコミ	3	1 自由に 伝える	1 SNS	1 商品券
マーケ M さん案 オフ会＋ SNS	9	3 オフ会で 時間確保	3 ハッシュ タグ	3 次回特別 優待

　こちらも、マーケ M さん案がよりよさそうだとわかります。

　こうした比較分析を経て、「How：内容」に関しては、マーケ M さん案をベースにすることにしました。

マーケ M さんの意見をもとにした案（74 〜 75 ページの表を一部変更）

項目		内容	メモ （疑問点や懸念事項など）
Why	目的	当社の主力商品 A についての、「限定インフルエンサー」の育成による新商品の理解促進と、広報活動による差別化への理解獲得・周知を通した商品の拡販	
What	概要	イベント　限定感のある新商品の体験会 広報活動　イベント後の広報活動促進	

Who	関係者	主体　当社 協力　広告会社　**サポート＋PR** 　　　　広告代理店　**企画運営** **インフルエンサー　数十名（学生、20代、30代、40代、50代以上　各10名以内想定、男女混合）**総勢100人以上＝@??名 × 開催箇所 著名人　？	
Where	場所	東京＋その他？　何カ所？	
When	時期	イベント　なるべく早く 広報活動　なるべく早く	
How	詳細	イベント　各地で会場を借り、3時間イベントとして以下を提供 　**・特徴の説明と著名人による体験談** 　**・A商品の体験とゲームによる実践** 　**・広報に関する活動方法の説明** 広報活動　インフルエンサーによる**オフ会、SNS発信など** 　**・オフ会年8回以上、SNS75投稿（週1～2回）以上** 　**→A商品無料、次期体験** 全体費用　@東京　800万（会場300万＋運営300万＋設備200万） 販促効果　？	**3時間＝ オープニング・説明30分 体験　45分 ゲーム　60分 広報　45分** など？ （Bホールなど　××平米程度）

色文字：曖昧な点　　　　：今回の提案事項

　大筋が決まれば、あとはまだ検討していない「Where：場所」と「When：時期」について検討し、案を詰めていきます。

「表で」企画の細部を詰める

「Where：場所」と「When：時期」について、効果分析表を用いてよりよい提案を考えていきます。

1 イベントのスケジュールを提案する

Ｉ部長からこの話が来たのが４月で、当社の商戦期が２月、３月、７月、12月だとします。では、いつから動き出し、どのタイミングでイベントを開催するのが望ましいのでしょうか。

今を４月15日として、体験会開催時期を検討するための効果分析表を作っていきましょう。

まず、縦軸です。縦軸には選択肢、この場合には体験会の開催時期が入ります。今から最速で準備をしたとして、５月に開催するのがギリギリそうです。

その後はいつでも開催できますが、商戦期はいつも通常業務で手いっぱいで、追加で体験会までは手が回らないでしょう。

そこで、商戦期を外し、販売に直接影響を与えない時期で考えることにしました。

これらの前提条件をまとめると、
・販売に直接影響を与えない時期に開催（＝商戦期を外す）
・当社の商戦期　2月、3月、7月、12月
・現在　4月15日
となります。この前提を踏まえると、縦軸としては、

	総合評価			
5月（＝最速）				
6月（＝夏商戦前）				
8月（＝商戦後）				

が考えられます。

では、横軸には何が入るでしょうか。横軸に入れるのは、判断する際に重要となるポイントです。

I部長の指示は「なるべく早く」。かつ「特別感」や「限定感」を重視しています。ならば、「速度」と「特別感」は必須でしょう。その他、鑑みなければいけないのが、そもそも開催できるのかという「実現可能性」です。つまり、

・なるべく早く＝速度
・特別感・限定感
・そもそも開催できるのか＝実現可能性

の3つが横軸としてふさわしいといえます。

評価基準を入れた表

	総合評価	速度	特別感	実現可能性
5月				
6月				
8月				

　これで、時期に関する効果分析表の枠組みができあがりました。

　なお、この横軸ですが、これまでお話ししてきたように、評価基準は自分で考えて入れていきます。そのため、本当は必要だった基準を入れ忘れて検討した結果、本来は望ましくない候補が勝ち抜いてしまう、ということもあるでしょう。

　本来望ましくない日程を提案してしまった場合、この場合ではI部長から、
「なんでその時期を選ぶのか?」
　とフィードバックされることになるでしょう。その際にこの表を見せて、
「こういう理由で、この時期を選びました」
　と説明すれば、
「この視点が足りない!　やり直し」
　となるはずです。I部長の知恵を借りることで、結果とし

て、よりよい時期を選定することができるでしょう。

　判断基準を明確にするということは、基準自体が間違っていた際に、それを見直すことでやり直しが利くということでもあるのです。

選択肢が多ければ5段階にしてもOK

　先ほどと同様に、この表の「総合評価」以外の列の空きマスに点数を書き込んでいきます。

　ただし、先ほどは2つの選択肢（自分の案か、マーケのMさんの案か）を3段階で評価しましたが、ここでは選択肢が3つに増えました。そこで、より結果をはっきり出すために、5段階で評価してみることにしましょう。すると、次のようになります。

開催時期についての効果分析表（完成）

前提・評価すべきポイント
・なるべく早く＝速度＝「現在から最速であるか？」早いほうから5点
・特別感・限定感＝「特別感を演出するための十分な時間があるのか？」
　ただし、長ければ長いほどいいというものでもない
・そもそも開催できるのか＝実現可能性＝会場の手配の面で検討

	総合評価	速度	特別感	実現可能性
5月	7	5 最速展開	1 会場の装飾などはほぼできず、特別感なし	1 会場をおさえられない 特急料金がかかりコストが1.2倍以上
6月	10	4 夏商戦前	3 最低限準備する時間はあり	3 主要都市の空きは確認済み
8月	7	1 商戦期を逸している	3 凝ったものでも準備可能	3 主要都市の空きは確認済み

　これで、「6月の実施が一番ふさわしい」という結論となりました。

2　場所の選定（東京）

　続いて、東京の会場についても、同様に検討していきましょう。1での検討も踏まえると、下記の3つを考慮すれば、よりよい場所を選ぶことができるでしょう。

・100名以内（学生、20代、30代、40代、50代以上　各10名以内を
　想定。男女混合）が入り、必要設備を有する場所
・多人数・多様なインフルエンサーがいるため、アクセス利
　便性を意識し参加率を高める
・6月の土日に開催可能で、現在空きがあること

　そこで、上記の3つの条件を満たすいくつかの会場を代理店
にピックアップしてもらい、比較することにしました。

東京の開催場所についての効果分析表（完成）

前提・評価すべきポイント
・100名以内（学生、20代、30代、40代、50代以上　各10名以
　内を想定。男女混合）が入り、必要設備を有する場所
・多人数・多様なインフルエンサーがいるため、アクセス利便性を意識
　し参加率を高める
・6月の土日に開催可能で、現在空きがあること

	総合評価	利便性	設備・雰囲気	コスト
品川 ●●ホール	11	5 駅徒歩5分・平坦	4 新しめ、きれい	2 400万円
渋谷 △△ホテル	11	4 駅徒歩7分	3 並	4 300万円
新宿 ××施設	12	4 駅徒歩8分	3 並	5 250万円

　代理店がピックアップしてくれた3会場には大きな優劣はな
かったものの、東京の会場は「新宿　××施設」がベストでし
ょう。

次に検討が必要なのは、東京以外の開催都市です。I部長からは、「東京だけでなく、主要都市では同様に展開して」とだけ言われており、何カ所ピックアップすればいいのかも決まっていません。

そこでここでは、仮に東京以外の主要10都市を挙げて比較をする中で、開催場所の数についても提案できるようにしていきましょう。

東京以外の開催地を検討する

	総合評価			
札幌				
仙台				
横浜				
新潟				
名古屋				
大阪				
神戸				
広島				
福岡				
那覇				

場所選びの前提としては、「数十名（学生、20代、30代、40代、50代以上　各10名以内想定、男女混合）のインフルエンサー」を集められる都市でなければいけません。

　また、その都市での販促効果を考えると、「その都市の人口」も無視できません。

　そして、販促として行う以上、「商品Aが手に入りやすいところ」であることは必須でしょう。この点に関しては、それぞれの都市で、商品Aを手に入れることができる経路（チャネル）の数で比較することにしましょう。

　これらをまとめると、

- 「数十名（学生、20代、30代、40代、50代以上　各10名以内想定、男女混合）のインフルエンサー」を集められるか？
- 都市の規模として、100万人程度の人口がいるか？
- 商品Aを手に入れることができる経路（チャネル）の数はどうか？

となります。

　ただし、ここで注意が必要な点があります。それは、下記のように横軸を決めて埋めてはいけないということです。

不適当な横軸の例

	総合評価	インフルエンサー	都市の規模	チャネル
札幌				
仙台				
横浜				
新潟				
名古屋				
大阪				
神戸				
広島				
福岡				
那覇				

　なぜか。これを埋めてみるとわかります。ここでは、選択肢が多いので、5段階で数字を入れてみましょう。

複数列に同じ点数が入るときは要注意

	総合評価	インフルエンサー	都市の規模	チャネル
札幌	13	4	4 100万前後	5 3チャネル以上
仙台	13	4	4 100万前後	5 3チャネル以上
横浜	5	― (東京近接)	― (東京近接)	5 3チャネル以上
新潟	7	2	2 70万前後	3 2チャネル
名古屋	13	5	5 200万超	3 2チャネル
大阪	15	5	5 200万超	5 3チャネル以上
神戸	11	4	4 100万前後	3 2チャネル
広島	9	4	4 100万前後	1 1チャネル
福岡	15	5	5 200万超	5 3チャネル以上
那覇	2	1	1 50万以下	0 なし

1章

「表で」考える

この表では、「インフルエンサー」と「都市の規模」の列に、すべて同じ数字が入ってしまっています。

では、なぜ同じ数字になってしまったか。それは、どの都市に、どのくらいのインフルエンサーがいるかがわからないため、この表を作る際に、

「人口が多い都市のほうが、インフルエンサーも多いだろう」

と考え、数字を決めてしまったからです。こうした経緯でまったく同じ数字が並ぶことになってしまったのです。

このように、**同じデータに基づいた評価を複数入れてしまっては、その側面だけが判断に大きな影響を与えることになってしまうでしょう。これでは、フェアな比較検討**とはいえません。

そこで、ここでは、より曖昧な「インフルエンサーの数」については、「都市の規模」とまとめて考えることが望ましいといえます。

その点を整理すると、表は次のようになります。

よって、「10点」ともっとも高い評価の大阪と福岡は、開催都市としてふさわしいといえるでしょう。もし5カ所開催できるとなれば、次点の札幌と仙台が候補となります。

東京以外の開催地の効果分析表（完成）／列の数は増減してもよい

前提・評価すべきポイント
・「数十名（学生、20 代、30 代、40 代、50 代以上　各 10 名以内想定、男女混合）のインフルエンサー」を集められるか？
・都市の規模として、100 万人程度の人口がいるか？
・商品 A を手に入れることができる経路（チャネル）の数はどうか？

	総合評価	都市の規模 （インフルエンサー数）	チャネル
札幌	9	4 100 万前後	5 3 チャネル以上
仙台	9	4 100 万前後	5 3 チャネル以上
横浜	5	― （東京近接）	5 3 チャネル以上
新潟	5	2 70 万前後	3 2 チャネル
名古屋	8	5 200 万超	3 2 チャネル
大阪	10	5 200 万超	5 3 チャネル以上
神戸	7	4 100 万前後	3 2 チャネル
広島	5	4 100 万前後	1 1 チャネル
福岡	10	5 200 万超	5 3 チャネル以上
那覇	1	1 50 万以下	0 なし

4　著名人の選定

　残るは、「著名人として誰を呼ぶか」です。

　まずは縦軸です。著名人は、「数十名（学生、20代、30代、40代、50代以上　各10名以内想定、男女混合）のインフルエンサー」が好意的であることは必須でしょう。

　また、A商品や業界に精通していたり、活動実績があるなどのイメージのある人がよりふさわしいといえます。

　そして、著名人というだけで特別感はあるものの、できれば接するだけで「特別だ」と多くの人が感じられる人物のほうが望ましいでしょう。

　こうした条件で代理店に問い合わせたところ、「A美」さん、「B太郎」さん、「C子」さんという候補が挙がりました。

　さっそくこの3候補で、効果分析表を作っていきます。

著名人として呼ぶ人を検討する／参考情報（年齢など）を足してもよい

	年齢	総合評価				
A美	30代					
B太郎	40代					
C子	10代					

なお、当日アサインできるかどうかは今回の重要な前提条件ではありますが、ここではすべての候補者が「当日アサインできそうな人」として提案を受けているので、表には入れないでおきます。

　さて、著名人に関して、横軸を入れていきましょう。先ほどの、

・「数十名（学生、20代、30代、40代、50代以上　各10名以内想定、男女混合）のインフルエンサー」が好意的か？
・A商品や業界に精通していたり、活動実績があるなどのイメージがあるか？
・接するだけで「特別だ」と多くの人が感じられるか？

という基準に当てはめると、

	年齢	総合評価	好意度	精通度	特別感
A美	30代				
B太郎	40代				
C子	10代				

となるでしょう。

　なお、一般人から著名人への「好意度」を調べるためには、本来はマーケティングリサーチが必要です。とはいえ、ここではよく知られているマーケティングリサーチの手法で十分ですし、それは本書の本旨ではありませんので、この好意度に関しては代理店からデータを提供されたと考えて進めます。

「効果分析表は"縦に埋める"」を忘れずに

	年齢	総合評価	好意度	精通度	特別感
A美	30代		4 全世代	3	1 超人気 アイドル
B太郎	40代		3 30代以上 女性	3	1 俳優
C子	10代		2 10代女性 中心	4 関連連載 あり	―

数字を横に足し合わせて表が完成です。

イベントに呼ぶ著名人の効果分析表（完成）

前提・評価すべきポイント
・「数十名（学生、20代、30代、40代、50代以上　各10名以内想定、男女混合）のインフルエンサー」が好意的か？
・A商品や業界に精通していたり、活動実績があるなどのイメージがあるか？
・接するだけで「特別だ」と多くの人が感じられるか？

	年齢	総合評価	好意度	精通度	特別感
A美	30代	8	4 全世代	3	1 超人気 アイドル
B太郎	40代	7	3 30代以上 女性	3	1 俳優
C子	10代	6	2 10代女性 中心	4 関連連載 あり	―

よって、A美がもっともふさわしいと考えられます。

なお、今回は3人に5段階で評価をしたにもかかわらず、点数の差がほとんどつきませんでした。

このように拮抗した場合に大切なのが、「このイベントでの著名人の位置づけを改めて考え直すこと」です。

体験イベントの「特別感」としての役割を重要視するということならば、特別感の高いA美さんかB太郎さんを選ぶといいでしょう。商品を活用した具体的な実例を広めたいならば、精通しているC子さんを選んでもいいのです。

表はあくまで、フェアな視点で比較検討するための材料です。総合評価を見た上で、それでも重視したいポイントがある場合には、必ずしも表の数字に従う必要はありません。今回のように著名人の位置づけが明確ならば、こうした判断に基づいて提案内容を作ればいいでしょう。

反対に、「位置づけは不明確だけど、ひとまず提案することが求められているので検討している」という場合には、**提案の場でこの効果分析表を見ながら議論したり、決裁者の判断を求める**のがいいでしょう。

1案1枚で、商品企画を5W1H表にまとめる

このように各項目について考えていき、ようやくイベントの5W1H表を埋めることができました。

効果分析表で検討したことを書き込んだ5W1H表

項目		内容	メモ （疑問点や懸念事項など）
Why	目的	当社の主力商品Aについての、「限定インフルエンサー」の育成による新商品の理解促進と、広報活動による差別化への理解獲得・周知を通した商品の拡販	
What	概要	イベント　限定感のある新商品の体験会 広報活動　イベント後の広報活動促進	
Who	関係者	主体　当社 協力　広告会社　サポート＋PR 　　　広告代理店　企画運営 インフルエンサー（学生、20代、30代、40代、50代以上　各10名以内想定、男女混合） 100〜250名＝＠50名×3〜5カ所 著名人　A美	
Where	場所	全国3カ所〜5カ所（東京　新宿　××施設＋2カ所または4カ所）	同時5カ所は困難？
When	時期	イベント　6月 広報活動　6月から1年間	

How	詳細	イベント　各地で会場を借り、3時間イベントとして以下を提供 ・特徴の説明と著名人による体験談 ・A商品の体験とゲームによる実践 ・広報に関する活動方法の説明 広報活動　インフルエンサーによるオフ会、SNS発信など ・オフ会年8回以上、SNS75投稿（週1〜2回）以上 　→A商品無料、次期体験 全体費用　＠東京　800万（会場300万＋運営300万＋設備200万） 販促効果　？	3時間＝ オープニング・説明30分 体験　45分 ゲーム　60分 広報　45分 など？

色文字：曖昧な点　　　　　　：今回の提案事項

　マーカー部分は、あくまであなたからの提案事項です。この案をI部長に提案して、決めていかなければなりません。

■ **ボツ案もなるべく「残しておく」**

　なお、特に企画立案などのケースでは、5W1H表を埋めていく過程で、「作ったものの、他の案と比較するまでもなくダメそうな案」「いい案だと思っていたけれども大きく修正した案」など、今後は使えなさそうな表ができあがることがあるでしょう。

　こうした表に関しても、**上書きして消してしまうのではなく、なるべく残しておく**ことをおすすめします。というのも、

これから上長を交えて検討したり、さらに企画をブラッシュアップしたりしていく中で、
「こっちの可能性も検討してみてくれ」
　などと言われた際に、役立つ可能性があるからです。

　こうした上司からの指摘は、多くの場合で**思考の抜け漏れを防ぐために有意義**ですが、一方で、「すでに検討して、ボツにしたこと」であることも少なくありません。その際に、ただ口頭で、
「それは検討しましたが、ないと思いました」
　などと返しても、説得力がまったくありません。
　いったん検討したけれどもボツにした表を見せ、**「その視点も検討したが、ボツにした」という思考の流れを提示することができれば、同じ思考を二度、繰り返す必要がなくなります。**

　さらに、上長からすると、
「様々な視点から検討した上で持ってきた案なんだ」
　という**安心感を得ることもできる**のです。

効果分析表が効力を発揮する多彩なシチュエーション

「効果分析表」は、必ずしも「5W1H表」とセットで使わなくてもかまいません。単体で、様々なシチュエーションで活用することができます。

　例えば採用枠に複数人が応募していて、どの人を採用するのが一番いいかを選ぶ場合。こうした場合は、「好感」などの印象論に流されてしまったり、評価する人の立場によって評価がぶれてしまったりしがちです。また、「なぜある人が落ちて、別の人が通ったのか」を説明するのは難しいものです。

　複数の候補を比較検討する際には、効果分析表を使うことで、**「なぜこの評価になったのか」「なぜこの人はよくて、この人はダメなのか」**が可視化できます。

　あるいは、自社に既成のシステムを導入する際にどれがよりよいのかを判断したり、仕事のアサイン先を検討したりと、複数の候補から選んで決める際には大変有効なツールです。ぜひ、積極的に活用して、比較の精度を高めてください。

表作りにも
必要なPDCA

　実際にご自身で表を作ってみると、なかなか思うように埋まらない、ということがあると思います。どうすれば、表をうまく作れるようになるか。そのポイントはたった1つです。**とにかくやること**。それも、**何度でもやること**です。

　ビジネス書によくある言い方をすれば、「表づくりにもPDCAを高速で回す」ということです。

とにかくやる。何度もやる。表作りにもPDCA

　私が行っている企業や行政向けのセミナー「池田ゼミ」は、通常、朝9時過ぎから夕方5時まで、まるまる1日かかります。その終盤となる4時頃にいつも行っているゲームがあります。それは、「マシュマロ・チャレンジ」というものです。

　数名がチームを組み、乾燥パスタ（スパゲティ）、マシュマロ、ハサミ、マスキングテープ、ヒモを使って、「いかに高い自立式のマシュマロ・タワーを建てられるか」を競います。制限時間は18分。

　18分後に床からマシュマロまでの高さを測り、一番高かったチームが勝利、というシンプルな仕掛けです。

　各チームは、細い棒状のスパゲティをいかにつなげるか、どう強化して自立させるかなどを考えていくことになりますが、実はこのゲームは、最初の数分間の取り組み方を見ていると、「勝てるかもしれないチーム」と「きっと勝てないだろうチーム」がわかります。両者は、何が違うのか。それは、**試行錯誤の回数**です。

　配られているのは、折れてしまえば元には戻らないパスタと、切ってしまえばつながらないヒモ、穴を空けてしまえば戻らないマシュマロ……と、試行錯誤すればするほど、条件が悪くなっていくように思えます。

　それで多くのチームは、どういう戦略でいくのかを最初に話し合って、どうにかしようとする。

「ああすればうまくいくんじゃないか」

「こうしたほうがいいんじゃないか」

　と、机上の空論で話が進められていくのです。

　そしてある程度、煮詰まり、残り時間も少なくなったところで、やってみる、となりますが、これがうまくいきません。というのも、マシュマロはみなさんが考えるより重いし、パスタは細くて大きくたわんだり折れたりしてしまうし、ヒモは短い……。

　やってみて初めて、こうした障害に気づくことになるので

す。

　いくら材料を目の前に置いてあれこれ議論をしていても、やってみての気づきにはかないません。

　では、どんなチームが勝つのか。それは、最初からマシュマロに触り、パスタで刺し、ヒモを結び……と、試行錯誤し始めたチームです。

　あれこれ考えるより前に、やってみる。パスタ1本で支えられなければ、2本を束ねてみる。それでもダメなら3本にしてみる。もちろん準備は必要ですが、机上の理論より、**「とにかくやってみる」ことがとても大切です。やってみるからフィードバックが得られる。課題が見つかり、それを解決していける。**

　シンプルなPDCAですが、これをできるかどうかが結果の差となって現れます。

　実際、このゲームは大人と子どもで競わせると、子どものほうが平均して高いタワーを建てることがわかっています。その理由も、同じです。子どもたちはまず面白がって、あれこれ試行錯誤し始めるからです。

PDCAのすごい力

　本書を手に取っていただいている方の中には、ソフトバンクがもともとボーダフォンという会社であり、さらにはJフォ

ン、東京デジタルホンという会社であったことをご存じない方もいるかもしれません。

　ちょうど社名がソフトバンクに変わった2006年、私はといえば、携帯電話を割賦販売で売る「スーパーボーナス」というサービスを担当していました。

　それまで売り切りが基本だった携帯電話を、様々な割引サービスを組み合わせた割賦方式で売る。今でこそ当たり前の売り方ですが、当時は業界初で画期的な試みと見られていました。

　さて、このサービスを担当することになったものの、私は生意気にも、

「そんなもの売れるわけがない」

　と反発していました。こんなにわかりにくいシステムがユーザーの理解を得られるはずがない。それまでボーダフォンで曲がりなりにも携帯電話の販売プランを企画していた私には、この販売方式は不可思議で仕方なかったのです。

　ところが……。この私の読みは、結果的に大間違いでした。3年後には契約数が2100万件を突破。当時、契約数が伸び悩んでいたソフトバンクにとっては大きな力となり、この販売方式がやがて業界の常識になっていくのです。

　では、なぜこの仕組みで売れたのか。ここで関わってくるのがPDCAです。

　この売り方で契約数を伸ばせるかどうか。実はこれは、ソフトバンクにとっては大きな賭けでした。電電公社→NTTから

生まれた docomo と、国際電電→KDDI から生まれた au と、同じ土俵に立てるのか。当時はちょうど、そのターニングポイントにありました。

　他社が売り切りでやっているのに、割賦にする。あえて複雑になった売り方は、確かにすぐに受け入れられたわけではありませんでした。しかしそれでも、全国でところどころ、「売れる地域、売れるチャネル、売れる営業パーソン」が出始めました。

　なぜその地域では売れたのか。営業日報を日々分析し、売れた成功例を爆速で横展開するという PDCA によって、総合評価の上位が日々ブラッシュアップされ、最適解の営業スタイルが生まれたのです。

　表づくりも同じです。「このやり方だ！」と思ったら、とにかくやってみる。PDCA を回していけば、どんどんブラッシュアップされ、どんどん成功率が上がっていきます。

　表づくりは、一度めからうまくはいかないかもしれません。

　しかし、それでも諦めることなく表で分析し、考え、検討していただきたいと思います。

　その試行錯誤によって、あなたにより合った方法が見つかり、表によって得られる効果が高まっていくことは間違いありません。

2章

「表で」
説明する・議論する

「表で」
資料を作る・プレゼンする

　こうして無事、企画提案の骨子が固まりました。続けて、I部長に提出するための資料を作っていきます。

　ただし、この資料は別に、**ゼロから作る必要はありません。**なぜなら、これまでに作った 5W1H 表と効果分析表こそが、資料の根幹となるからです。それは、次の表のようなことです。

　この表は、コロナ禍最初期の 2020 年に、私が孫さんへの説明に用いた表のイメージです。

PCR検査センター設立の際の概要書イメージ

項目	内容　青字＝審議事項
目的	経済と感染拡大防止の出口のための検査提供＋モデル示唆
スケジュール	ラボ　7月●日竣工、××移転　最速8月△日
場所	東京：A研究所内　→　××大会議室　→　他地域：未定
建て付け	無償分：共同研究、有料分：SB事業
センター運営	SBで新会社設立
試薬	●●PCR検査キット　■億円（@○○○○円×100万個）
不活化溶液	Z社製　□億円（@□□□円×100万個）
センター規模	竣工時　最大1万
稼働	1日8時間、9時〜17時想定
提供単価	試算用として、@△△△△円（配送・梱包費除く）
展開チャネル	テスト：SB社内＋センター　→　事例後：自治体・政府・法人展開
年間コスト	約△△円

なぜソフトバンクグループは、日本で初めて PCR検査を大々的に実施できたのか

　当時、日本に限らず世界中で、未知のウイルスへの恐怖が高まっていました。最初の緊急事態宣言では街から人が消え、経済活動も必要最低限に、とにかく安全と健康を念頭に置いて行動していました。

新型コロナウイルスがどんな疾病なのか。ワクチンはいつできるのか。誰もが不安を抱えている時期だったと記憶しています。

　そんな状況で動いたのが、孫さんでした。
　2020年3月11日、孫さんは約3年ぶりにツイッター（現・X）を更新し、
　「新型コロナウイルスに不安のある方々に、簡易PCR検査の機会を無償で提供したい。まずは100万人分。申込方法等、これから準備。」
　とツイートして大きな波紋が広がりました。
　人々が闇雲に不安を抱えたまま、ただ経済活動が止まり、社会が停滞してしまうことに危機感を持っていたのでしょう。そうして、CSR部門長をしていた私のところに、
　「PCR検査をやろう」
　という指示が飛んで来ました。こうして、私が責任者となって、PCR検査センターをゼロから立ち上げることになったのです。

　今でこそ聞き慣れた「PCR検査」ですが、当時はまさに「聞いたこともない」状態です。
　残念ながら、私には医療的なバックボーンはまったくありません。いったいどんな検査で、どんなフローなのか。誰に聞けばわかるのか。どこにどんな申請をして許諾を得ないといけないのか。何が必要で、誰がいないとできないのか。費用はいく

らかかるのか。皆目、見当もつかない状態でした。

　また、私の身近には、孫さんを含めて誰も、この検査を実現するための「必要な情報」を持っている人はいませんでした。

　指示はされているが、さっぱりわからない。何から手をつけたらいいのかもわからない。何がわからないのかもわからない。
　このときは本当に、5W1H表も、効果分析表も作りようがありませんでした。

　とはいえ、「わからないのでできません」とは言えません。そのとき私の脳裏には、東日本大震災発災直後、1000年に一度の未曾有の被害状況に対して、
「なんとかせにゃいかん」
　と涙ながらに熱く東北への思いを語った素顔の孫さんが浮かんでいました。
　事業や投資を進める孫さんとは別の顔、「世の中のために何かをしたい」という純粋な思いを感じたことで、私も「これは何がなんでもやり遂げなければならない」と腹をくくり、「PCR検査で新型コロナウイルス感染症の拡大を防止し、経済活動を早期正常化する」ために動くことになったのです。

　どうにかして理解し実現するには、と産業医の人脈をはじめ各所に打診したり、あるいは内閣府などに問い合わせたりして

私がまず作ったのが、一連の大まかな流れをつかむためのイメージ図でした。

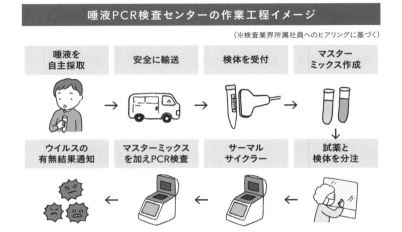

作業工程のイメージができれば、必要な人・もの・時間がわかるのではないか。そう考えてなんとか作ったものでしたが、この1枚をきっかけに、

「PCR検査という、よくわからないことをやれるようにする」

という漠然とした目標を、

「PCR検査に必要な工程はこの8つ。1つめをやるには〇〇が必要、2つめをやるには……、3つめをやるには……」

と、具体的にすることができました。

目標が具体的になれば、部下に割り振るなり、その部分の専門家に連絡をとるなり、行動することができます。時間がない

中でも、無駄なく効率よくスピーディに検討することができるのです。

5W1H表を使った説明・議論の進め方

こうした経緯を経て孫さんに話をする際に持参したのが、113ページのような概要書でした。
「孫さん、今日はこの表の中の、青字のところを全部、決めていきます」

この概要書は一見、すべてが埋まっている＝すべて決まっているように思えるかもしれません。しかし、よく見ていただくと、数カ所、わざと文字を青にしている箇所があることがわかるでしょう。

この青字で書かれた部分は、1章で見てきた「自分なりに考えた最善の案」です。言い換えれば、**実はまだ検討が必要だったり、あるいは孫さんの判断が必要だったりする項目**ということになります。

そうした部分を、上司に見せる際にも、空欄にするのではなく、**あえて具体的に書き込んでおく。それが、前に進めるため**の大切なポイントです。

不確定でも、「あえて具体的に」書くべき理由

　上司への説明は、

「まず目的です。目的は、ここにも書きましたが、経済と感染拡大防止の出口のための検査提供＋モデル示唆ということでよろしいですよね。次は、スケジュールです」

　という具合に、表の上から順に進めていきます。

「スケジュールは、ラボが７月●日竣工、××に移転して、最速で８月△日から実施可能と考えていますが、いかがでしょうか」

　PCR検査の実現に関しては、スケジュールが重要議題でした。目的を考えれば、早ければ早いほどいい。しかし、拙速でことを進めれば、余計に世間の不安をあおる結果になってしまうことも考えられます。その意味で、最低限、孫さんの合意を得ておかなければなりません。

　特に、本件については慎重に考える必要がありました。というのも、冒頭で紹介したツイートの後、それが医療崩壊につながるのではないかと世間から猛烈なバッシングを受けたからです。

「検査したくても検査してもらえない人が多数いると聞いて発案したけど、評判悪いから、やめようかなぁ。。。」

　というその後のツイート。こんな弱気な言葉を口にする孫さ

んを初めて見ました。それだけに、その葛藤の大きさがうかがえました。

「携帯電話会社のソフトバンクがやるPCR検査って大丈夫なのか？」

という世間の疑問も想定されました。世間の反応を目の当たりにし、こうした葛藤を経て、医療機関でもない我々が、それでもやろうと決めた。だからこそ、中途半端なことをやって迷惑をかけないように、万全を期す必要がありました。

さて、この5W1H表に書いたスケジュールは、もちろん1章で紹介したプロセスで検討した、自分としては最善の日付ではありますが、実のところ、

「遅すぎる！」

という反応が返ってくる可能性がありました。いえ、可能性があるどころではなくて、実は「きっとそう言われるだろうな」とさえ思っていました。

しかし、そう思ったとしてもここで「初夏」や「7月中旬」などと書かずに、あえて日付をはっきり書いたのには理由があります。

それは、こうした**日付をはっきり書く**ことで、**明確な議論が進められる**ということです。

確かに「初夏」や「7月中旬」と「7月15日」では、大き

な違いはないかもしれません。しかし、初夏のイメージ、中旬のイメージは、人によって、立場によって異なります。たとえ「7月15日頃」と思って「初夏」と書き、予定通りにできたとしても、そもそも「初夏」のイメージが異なる人には、「遅い！」と怒られることになるのです。

　自身で立て、上司からも了解を得た（つもりの）目標を達成したのに怒られるとしたら、そんな仕事にはやりがいを持てないと思いませんか。

「こんなに頑張って、最初に伝えた初夏を達成したのに、なんだよ！」
　と心の内でいくら思っても、上司の、
「初夏にはやれると言っていたのに、7月を半分も過ぎているとは、なんだ！」
　という評価を覆すことはできません。

　こうした「期待値」のズレによるすれ違いは、様々な現場で日々、起こっていることでしょう。この詳細は、3章でお話ししていきます。

数字にするから目的や視点が合わせられる

　具体的に書こうとしても、どうにも数字が定まらない、とい

うこともあるかもしれません。例えば、あるプロモーション施策を考えたとしても、その波及効果がわからない。新商品で、どれだけ売上が立つか推測するのが難しい。そうしたケースです。

その際には、**「フェルミ推定」**を使うことをおすすめします。

フェルミ推定は、一時期、外資系コンサルティングファームへの就職面接などで問われることでも有名になったので、聞いたことがある方も多いかもしれません。実際には数えたり数量化したりできないものを、論理的思考を用いておおよその数量で示す試みです。全体を因数分解して、仮説を立てるために用います。

「今、この瞬間に、トイレに入っている人は、世界中で何人くらいいるでしょうか?」

例えばこの問題について考えてみましょう。実際に数えることはもちろん不可能ですし、何か調査をしたところで、明確な答えが出るものではありませんよね。

かといって、「わかりません」では、話になりません。では、どうやって考えるか。ここからは、ひとつの考え方の例を示します。

「まず、自分が1日にトイレに入っている時間は15分くらいだな。つまり、1日のうち15分をトイレの時間としよう。

一方で、世界の人口は今、約80億人。この人たちが1日15分トイレにいるとすると、

　80億人÷24時間÷60分×15分＝約8300万人。

　8300万人くらいが答えになる」

　という具合です。

　もちろん、この思考はそもそもが仮定の上に成り立っているので、正確な数字ではありません。しかし、もし万が一、世界中のトイレを作り直さなきゃいけなくなったとすると、このくらいの規模でトイレが必要だということになるわけです。

「こんな適当な数字じゃ、わからないのと同じだ」

　ということにはなりません。例えば20億台用意したら、それは多すぎだとわかるでしょう。あるいは、1000万台であれば絶対に足りませんよね。

「数千万規模であり、1億には届かない」とわかるだけでも、「数字はさっぱり不明です」という状態と比べると、どのくらいの規模感で準備すべきかがわかるでしょう。

　このように、**仮ではあっても目算を立てる**こと。それが、議論できる表を作るためには重要です。

「仮だ」とわかるように書いておく意味

　さて、先ほどの「PCR検査センター設立の際の概要書イメージ」に戻ります。不確定なことでも、あえてはっきり書いておく。ただし色は変えて、「仮だ」というのを誰にでもわかるようにしておく。

　そうすることで、議論をより建設的に進めることができ、また資料をよく読まずに印象だけで文句を言ってくる人を封殺することもできるはずです。

「7月15日では遅い！」

　と言われたら、そのときに取り出すのが、この表に「7月15日」と書き込む前に検討段階で作った効果分析表です。その表を見ながら、

「組織化せずに、ただ検査場を設けるということならば、6月15日にはできます」

　などと対抗案を検討していくと、

「その点はできていなくてもいいから、とにかく走り出せ。6月15日で」

　とか、

「それなら仕方ない、7月15日で進めよう」

　などの反応が返ってきます。こうして、不確定だったスケジュールを、固めることができるのです。

この要領で表をどんどん下っていきながら、決めるべきことを決めていく。すると、会議が終わったときには、全体がある程度固まっている。

　建設的な議論の土台になること。

　決まっていること、決めるべきことを明確に共有できること。

　何より、孫さんのような天才を相手にしても、**自分の段取りで、同じ土俵で話ができること。**

　表をベースにして進める説明のメリットは計り知れません。

　こうした議論を経て、そして、様々な専門家の方の協力を得て（詳しくは後述）7月には、「SB 新型コロナウイルス検査センター株式会社」を設立。社長は私で、ソフトバンクグループが資本金24億円を出資しての船出となりました。9月24日には東京 PCR 検査センターが本格稼働、1日当たり約4000件の検査が可能になりました。

　当時の、

「日本は検査もさせてくれない」

　といった声、あるいは、

「自分はもしかしたら感染しているかもしれない。大切な人、免疫力の弱い人、高齢者や子どもを守るためには、とにかく人と距離を取るしかない。どうにかならないものか」

　などの気持ちに、少しは応えることができたのではないかと考えています。

高品質なものを
安く、はやく、大量に
PCR検査施設整備の裏側

　PCR検査センターの立ち上げのために、各方面に打診していたときのことです。あるメーカーから、

「唾液（だえき）で検査ができる試薬を準備している」

　との情報を得ることができました。それまでの鼻咽頭（びいんとう）を拭（ぬぐ）った検体を採取した検査とは違い、唾液検査が可能になると、誰もが自分で検体を痛みもなく採取できます。

　手順が簡易になるだけでなく、時間短縮ができ、さらに試薬の単価も抑えることが可能との説明を受け、目の前が明るくなりました。

「経済活動の早期正常化」のためには、検査を受けられない状態を、少しでも早く改善する必要がありました。そのために、安価で高品質なPCR検査を、高頻度で受けられるようにする必要があります。

　当時、自費で約2～3万円であった検査料を10分の1にして、誰でも簡単に受けられるようにするのが孫さんの目標のひとつでもあったので、この朗報には小躍りしたものです。

ところが、大きな2つの壁が私の前に立ちふさがりました。

　ひとつは医療機関ではない我々が、検査という医療行為は行えないという現実です。医療の安全のためにも、医療行為は医療従事者しか行ってはいけないことが法で定められています。

　しかし、素人が参入しようとしている以上、勉強は必須だと思い、法律を読み込んだことで、症状のある人に対する検査ではなく、無症状な人を対象としたスクリーニング提出検体の判定結果のみの通知であれば、医療行為に相当しないことがわかったのです。

　その解釈で問題ないということは、国立国際医療研究センターなどの専門機関や厚生労働省などの行政機関にもお墨付きをいただきました。

　そこで、「東京PCR検査センター」では、医療とは関係のないスクリーニングとして検査をするというコンセプトを確立。それによって、実費負担2000円のPCR検査の実現が現実味を帯びてきました。

　しかし、ほっとしたのも束の間、次の壁は配送でした。

　私たちが準備しているPCR検査は、採取した唾液をケースに入れ、そこに不活化する液を加えて検査先に送る仕組みでした。不活化する液を加えるため、その唾液からの感染リスクはないはずなのですが、請け負ってくれる配送業者がありませんでした。

確かに当時はまだ、新型コロナウイルスについて全容が明らかになっていなかった段階です。配送業者としても、万が一の安全性を危惧してのことだったのでしょう。

これには頭を抱えてしまい、眠れない日々が続くこととなりました。

結果的に配送を請け負ってくれる業者も決まることになるのですが、この状況を打開してくれたのは、やはり孫さんでした。

1日も早いPCR検査の実現をと業を煮やした孫さんが、その唾液の安全性を保証するために、配送業者の社長の前で不活化した唾液を飲む、と言い出したのです。「飲み干しても大丈夫なくらい安全なものなのだから、運んでほしい」という強いメッセージでした。

これには驚きました。目標のために突き進む孫さんのエネルギーの強さが肌にビリビリと伝わり、身震いするほどの衝撃を受けました。

こうした孫さんの働きかけもあって配送を請け負ってくれる業者も決まり、「東京PCR検査センター」は、「早期の経済活動の再開」という目標に向けて動き出すことができたのです。

5W1H表と効果分析表を
説明用に加工する

　5W1H表と効果分析表を用いた説明や議論の仕方をイメージしていただけたでしょうか。

　ここからは、先ほどのI部長から指示の事例に戻って考えていきます。1章で作ってきた5W1H表と、先ほどの「PCR検査センター設立の際の概要書イメージ」には、大きな違いがありました。

　それは、**項目の並び順**です。

　前述のように、上司への説明やプレゼンでは、表は上から下へ説明していきます。そのため、**5W1Hを説明しやすい順に並べ替える**ことは必須です。

　そして、この並べ直しに際して必要なのが、**「心の妄想会議」**です。特に、今回のように直属の上司へのプレゼンの場合は、この「心の妄想会議」の精度で相手からの反応が大きく変わることをおさえておいてください。

「心の妄想会議」で流れを想像する

「心の妄想会議」とは何か。

「心の」と「妄想」とあるように、リアルな会議ではありません。あなたの中に架空のプレゼン相手を妄想して、その架空の相手と心の中で会議をすることです。

手順はシンプルで、

① プレゼン相手（ここでは I 部長）を想像する。頭の中にその人が本当にいるんじゃないかと思えるくらいにしっかり思い描く

② 想像上のプレゼン相手に、心の中でプレゼンする。その際、「このプレゼンを聞いたら、その人はこういうふうに思うだろうな・こういう反応をするだろうな」というところまで想像を膨らませる

③ 想定された相手のツッコミや反応がリアルな会議の場でされた場合に対処できるように、準備する

という流れです。

先ほどの PCR 検査センターの件では、私は孫さんにプレゼンするための準備をしている際に、まず、「孫さんはとにかくスケジュールを気にするだろうな」と思いました。そして頭の中の孫さんが、

「7 月 15 日では遅い！」

と反応しました。だから、5W1H表の序盤にスケジュールを載せ、関連する効果分析表をプレゼン資料として準備しておいたわけです。そして実際のプレゼンの場でも、その資料は大いに役立ちました。

　今回の体験会の企画でも、**最初に乗り越えるべき壁は、自分の直属の上司**です。
　上司が認めてくれて初めて、営業マーケティング戦略会議への扉が開かれる。となれば、ここでもＩ部長を頭の中に描き、まずはＩ部長が納得してくれるように話を持っていかなければなりません。

　普段からともに仕事をしていれば、Ｉ部長が他の人と比べてどんな観点を大事にしているのかがわかってくるはずです。
　例えば、
「立場上、売上や数字のことは必ず聞かれるけど、ここは納得さえできれば実はそれほど細かくは言われないんだよな。それよりも新奇性やチャレンジの要素は、中途半端なことを言うと突っ込まれて大変だ」
「何か判断する際には必ずいつも『根拠は何だ？』と聞かれるんだよな。定性的な話よりも定量的な話を気にしているみたいだ」
「進める上でどんなリスクがあるのかを強く気にする人だ。イレギュラーな事態を嫌っているようだ」
　のようなイメージで、「Ｉ部長はこういう人」という像があ

るでしょう。その像をしっかり描いて検討し、準備する。そうすることで、

- **必要な準備／不要であったり優先度の低い準備が区別できる**
- **どんな順番に話をすれば、よりスムーズに進めやすいのかがわかる**

というメリットが得られます。結果的に、**網羅的に、かつ最も効率よく仕事を進めることができる**というわけです。

反対に、こうしたことを想像せずに、あらゆる質問や懸念に応えられるように準備しようとすると、スピーディに新しい物事を進める難易度は格段に上がります。結果として、**「準備したけど使わなかった資料やデータ」**ばかりが増え、生産性は下がっていくのです。

これは個人的な感覚なのですが、「一生懸命仕事をしているけれども、時間ばかりかかっている人」「生産性が低い人」「準備不足だと怒られがちな人」「企画を通すのが苦手な人」の多くは、この、**「誰に向けたプレゼンや資料なのか」という意識**と、**「相手はどんな人なのか」という想像力**が働いていないのではないかと思います。

「心の妄想会議」の精度は、193 ページで詳述する方法で相手を知ること、そして妄想会議を繰り返すほどに上がっていきます。その結果、仕事全体のスピードが上がり、やるべきことが

減るのに結果が出せるようになっていくのです。

5W1Hの並び順を検討する

　113ページのPCR検査センター設立のための表はまさに、私が孫さんとの心の妄想会議を経て作ったものです。

　表を用いて説明する際には、表を上に行ったり下に行ったりすれば議論が複雑になります。また、上司がより重要だと考えている項目がなかなか説明されない場合には、

「そんな些末<ruby>些<rt>さ</rt>末<rt>まつ</rt></ruby>なことじゃなくて、この項目から説明しろ！」

　などと言われて、段取りが狂ってしまうかもしれません。

　表に示された順番で説明をされているわけでもなく、自分が大事だと思っているものがなかなか説明されない状況というのは、誰にとってもストレスになり得ます。

　こうしたリスクを下げるためにも、あらかじめ表を並べ替え、書かれている順番通りに説明をしていけるようにすることは大切です。

　どんな順番で説明すれば、相手の聞きたい順になるのか。そして、あなたが説明しやすい順になるのか。その両面から流れを考え、表を並べ替えていきましょう。

表の並べ替えのポイント

　並べ替える順番は、案件の緊急性や重要性、相手の性格など
と関係してきますので、普遍的な正解はありません。

　ただ、いくつか参考になる基準があります。

■ 1　相手は何を気にしているのか（性格的なものを含む）

　第一に、「**相手が何を気にしているのか**」です。

　例えば PCR 検査センターの場合、スケジュールをかなり上
のほうに配置しました。それは、そもそも孫さんからの指示で
行う仕事は時間優先のものが多く、かつ、この件は「少しでも
早く」とさらにスケジュールを意識していたからです。

　また、「誰と組むか」も優先して表の上のほうに載せたの
は、「ちゃんとしたもの、信頼できるものを届けたい」「中途半
端なものにはしたくない」という孫さんの意思を感じたからで
す。

　このように、**その人のそもそもの性格上気にすること、そし
てその案件で特にその人が重視していることは、表の上のほう
に並べます。**

　例えば何かの施策に対して効果を気にするタイプの相手なら
ば、費用対効果の話を先にするといいでしょう。

　ある販促企画についてプレゼンをする場合、その販促企画が
画期的なものであれば、考案者としては、内容を子細に説明し

たくなるかもしれません。しかし、そうすれば、

「内容の前に、その施策でどんな効果があるの？」

「いくらかかるの？」

　などと、イライラした上司から遮られてしまうでしょう。

　あるいは、ビジョンや提供後の世界観を重視する上司なら、内容の詳細や効果を冒頭で力説しても、

「数字の話ばかりするな！」

　と拒否感を示されることもあるでしょう。

　上司がリアリストならばビジネスとしてうまくいくかどうかを数字を用いて話す。ビジョンを大切にする上司であればその施策後の世界観を伝えてから内容に踏み込む。

　プレゼン中に相手をイライラさせては、通るものも通らなくなってしまいます。

　相手に合わせた順番を組み立てることで、結果として、あなたが話したい部分をしっかりと聞き、受け止めてもらえる土壌が作られるのです。

■2　話題の緊急性

　急なトラブルや事故対応など、**緊急性の高い事柄については、やはり初動やスケジュール感などの時間軸の共有が先です。**

　例えばある商品を期日通りに納品しなければいけないのに、

配送にトラブルがあって届かなかったとします。その対処法を
プレゼンしようとする際、対処にかかるコストや手間ももちろ
ん重要ではあります。しかしそれ以上に重要なのが、いつ届く
のか、という納期の問題でしょう。

　反対に、通常通りに納品されているものについて、納期を冒
頭でくどくど説明しても、誰も聞いてくれません。
　緊急性に合わせた並べ替えは必須です。

■ 3　営利か非営利か

　CSR は企業の中でも社会貢献の部門だといわれています。
しかし、企業活動である以上、営利とは切り離すことはできま
せん。いかに環境に配慮したものへの切り替えであっても、本
業の利益を押し下げるような提案はあり得ません。そのため、
コストの話から入るのは必須です。
　ただし、これが震災支援などの「支援」になると、まったく
話は変わります。

　このように、営利か非営利かというと、少し汎用性に欠ける
と思われるかもしれませんね。でも、同じ尺度でも、**エモーシ
ョナルか否か**という観点で見ると、多くの方にも当てはまるで
しょう。
　例えば、パートナーの暴力に悩んでいる、そんな相談を受け
たとします。家庭での悩みとなれば、エモーショナルなことに
違いありません。このとき、いくら正論であっても、

「そんなパートナーとは、"今すぐ"別れたほうがいい。なぜなら……」

と始めるのは悪手です。そうではなくて、何に悩んでいるのか、いつからなのか、本人はどうしたいのかなど話していき、その後に、

「そうはいっても、今の状況を続けるのはよくないよ。だからとにかく今は……」

と話を進めれば、前者では聞く耳を持たなかった人でも、こちらの改善策を受け入れてくれるかもしれません。

エモーショナルな事柄については、コストやスケジュール、効果は後でもいいのです。

このように同じ内容であっても、相手によって、案件によって、緊急性によって、感情の混ざり具合によって、正解が変わるのが提案の順番です。

ここで挙げた3つの尺度を参考に、より相手の求める順番に組み立てられるように考えてみてください。

実際に表を並べ替えてみよう

では、I部長に持っていくには、どの順番がいいのでしょうか。

これももちろん、絶対的な「正解」はないのですが、あなたは「Who：関係者」を前に持ってくることにしました。その

理由は、今回の業務指示の中で、I部長は「インフルエンサー」について何度か言及していたからです。

説明しやすい順に 5W1H を並び替える

項目		内容	メモ (疑問点や懸念事項など)
Why	目的	当社の主力商品 A についての、「限定インフルエンサー」の育成による新商品の理解促進と、広報活動による差別化への理解獲得・周知を通した商品の拡販	
Who	関係者	主体　当社 協力　広告会社　サポート＋PR 　　　広告代理店　企画運営 インフルエンサー（学生、20代、30代、40代、50代以上　各10名以内想定、男女混合）100〜250名＝＠50名×3〜5カ所 著名人　A美	
How	詳細	イベント　各地で会場を借り、3時間イベントとして以下を提供 　・特徴の説明と著名人による体験談 　・A商品の体験とゲームによる実践 　・広報に関する活動方法の説明 広報活動　インフルエンサーによるオフ会、SNS発信など 　・オフ会年8回以上、SNS75投稿（週1〜2回）以上 　→A商品無料、次期体験 全体費用　＠東京　800万（会場300万＋運営300万＋設備200万） 販促効果　？	3時間＝ オープニング・説明30分 体験　45分 ゲーム　60分 広報　45分 など？

What	概要	イベント　限定感のある新商品の体験会 広報活動　イベント後の広報活動促進	
When	時期	イベント　6月 広報活動　6月から1年間	
Where	場所	全国3カ所〜5カ所（東京　新宿　××施設＋2カ所または4カ所）	同時5カ所は困難？

色文字：曖昧な点　　　　　：今回の提案事項

　明言はされていませんが、この会社において、自社でインフルエンサーを育てようというのは初めての取り組みで、それだけに、I部長は気にしていた、と考えると、このような並び順は妥当でしょう。

　このように、**表は、相手の関心がより高そうなものを上に持ってくる**形で考えるといいでしょう。

　ただし、今回のケースでも「Why：目的」を越えて「Who：関係者」を上に持ってくるのはやり過ぎです。頭の中で、説明の順序を描いてみてください。おそらく、

「今回の体験会で協力を得るインフルエンサーは……」

　などと話し始める前に、

「今回の体験会は、……の目的で行うものです。そこで、協力を得るインフルエンサーとして……」

　と、なんのためのインフルエンサーなのかを説明することは避けて通れません。

そのため、順番としては、「Why」で目的を再確認したのち、「Who」で全世代にまたがるインフルエンサーの育成と拡販という特徴に触れ、「How」で体験会を通してインフルエンサーに新商品を理解してもらう方法やゲーム内容などを説明すれば、伝わりやすいのではないでしょうか。

　さらに、「What」で「つまりこういうことを実現するのだ」と内容の総括をして、「When」で時間軸を提示、最後に「Where」で締める、というのが、ここで並べ替えた表です。

　何度も繰り返しになりますが、**表の並び順には、唯一の正解がない**ケースがほとんどです。「どう説明すれば、相手が納得してくれそうか」という基準で、自由に並べ替え方を考えてみてください。

「表で」説明する

　あなたは着実に企画案を詰め、資料を作って提出しました。
すると開口一番、I部長に言われたのが、
「今までなんの相談も報告もなくてなんだ！」

　特に期限を言われていなかったにもかかわらず、なぜかI部
長は不機嫌です。
「提出期限はおっしゃっていませんでしたよね」
　と確認したところ、「そうだ」という返事。
　言われてすぐに着手して、1週間程度で資料にまとめて提出
しています。なのになぜ、I部長は不機嫌になってしまったの
でしょうか。

多くの管理職が「ホウレンソウが足りない」と嘆く理由

　I部長が不機嫌になってしまった理由は、部長自身が言って
います。I部長は、あなたから何の相談も報告もないことが、

実は気になっていたようなのです。

　私は日頃、多くのビジネスパーソンの方々に研修を行っています。一般社員向け、管理職向けなど、対象は様々です。その中で感じているのが、**「ホウ（報告）・レン（連絡）・ソウ（相談）」についての、する側・される側のギャップ**です。

ホウレンソウとは？

報告	担当者が業務やタスクの進捗状況や結果などを伝えること
連絡	業務に関する情報やスケジュールを関係者に知らせること
相談	不明点・トラブルなどが発生したときに、問題解決や意見交換のために上司や先輩・同僚の意見やアドバイスを聞いたり、話し合ったりすること

　管理職の側からよく聞こえてくるのが、
「部下がきちんとホウレンソウをしてくれない」、
　一方、部下である一般社員から聞こえてくるのが、
「自分はちゃんとホウレンソウをしています」
　という言葉なのです。なぜ、ちぐはぐなのでしょうか。

　そもそも、ビジネスにおいてホウレンソウが重要だ、という話は、みなさん、よくご存じだと思います。**「ホウレンソウ」の目的は、トラブルやミスを回避し、問題を早期解決することで業務を効率的に行うこと。**組織の一員として仕事をする以上、やはり欠かすことはできません。

しかし、ホウレンソウについて、**5W1H（＝いつ、誰に、何を、どこで、なぜ、どのようにホウレンソウを行うべきか）をきちんと把握している人はほとんどいない**のではないでしょうか。

　私自身を振り返ってみても、誰かからホウレンソウとは何で、どうやるべきなのかを教わった記憶はありません。

　結果として、**部下は自分の都合のよいタイミングでホウレンソウをしがちになり、上司はそれでは足りないと不機嫌になる**のです。部下としては一生懸命仕事をして上司にホウレンソウをしたのに上司が不機嫌になるというのは、なんともモチベーションが下がる事態でしょう。

　タイミングを失しただけで、急に物事が残念なスパイラルに入ってしまうことになります。

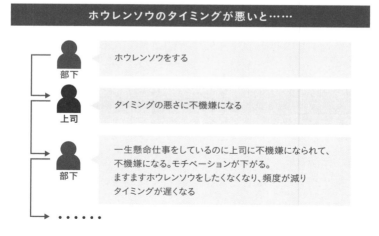

ホウレンソウのタイミングが悪いと……

部下：ホウレンソウをする

上司：タイミングの悪さに不機嫌になる

部下：一生懸命仕事をしているのに上司に不機嫌になられて、不機嫌になる。モチベーションが下がる。ますますホウレンソウをしたくなくなり、頻度が減りタイミングが遅くなる

……

■ ホウレンソウを行うべきタイミング

　では、いつホウレンソウを行えば、こうした残念なスパイラルに陥らずに済むのでしょう。

　ここでは、私が知る限りもっともせっかちな人（＝私）が納得するホウレンソウの仕方をお伝えしておきます。

おすすめのホウレンソウのタイミング		
当日	案件復唱（5W1H）	①
初動	（翌日）　出だしの報告	②
中間	（翌週）　状況のインプット	③
最終	期日前には、結果報告	④

☑ 不測の事態悪化

即状況報告・相談

☑ 迷ったとき

提案資料形式で相談

　まず①、話を聞いた際に、5W1H を中心に口頭で復唱します。今回の企画立案であれば、29 〜 30 ページの I 部長のセリフに対して、

「体験会の企画の件、○月○日○時までに、企画書にまとめて I 部長に提出ですね」

　と返すなど。ポイントは、**期日などのキーワードをおさえる**ことです。

そして②。その日、もしくは翌日に、

「昨日、依頼された件ですが、こうでした。こうなりそうです」

　という**初動**、つまり**出だしの報告**をします。I部長への報告ならば、

「今回のイベントの趣旨などを把握しました。イベントと広報活動の2つの方向性で考えていくつもりです」

　などの形でしょうか。

　③が**中間報告**です。この際、ざっくりとした数字なども添えられるといいですね。

「今回の体験会の目的は『限定インフルエンサー』の育成とのことなので、この方向で著名人を検討しています。ただ、最終的には……」

　など。この時点では、簡単なものでかまいませんので、紙やデータで資料を用意しておくといいでしょう。

　そして最後に、④**最終的な報告**です。これが基本のホウレンソウです。

　もちろん、不測の事態や迷ったときは、それ以外のタイミングでもホウレンソウが必要ですが、スムーズに進んでいる案件でも、この程度のホウレンソウをして初めて、「十分にホウレンソウを行っている」といえます。

なぜ、ここまで複数回にわたって、ホウレンソウが必要かというとそれは、**任せた側に見通しを持ってもらうためです**。上司としては、任せた以上、極力部下にやってほしいと思う反面、部下が正しく意図を理解しているか、トラブルなどで行き詰まっていないかなどを気にせずにはいられません。

　特に重要なのが初動です。締め切りギリギリまで動かないようなことがないか、案件を理解して、必要なメンバーを巻き込んで動いているのかなど、大きな仕事であればあるほど、気になるはずです。そうした心理をくみ取って、
「現場がすぐに動いてくれそうです」
「来週には先方と会えそうです」
「明日、緊急ミーティングを開きます」
　といったような報告を初動でできるだけで、上司は安心でき、ますます、
「その方向で任せるから、よろしくね」
　という心構えになるでしょう。

■「あの件どうなった?」はホウレンソウ不足のサイン
　ちなみに、ここで提示したのは、「もっともせっかちな人（＝私）」でも安心できるホウレンソウのタイミングです。
　上司の性格や、あなたの職種・業種によっては、
「こんなにホウレンソウをされたら、かえって煩わしい」
　ということもあるでしょう。その場合は、②か③（あるいは両方）を適宜、減らすといいですね。減らし方については、

「そんなに細かく報告してくれなくていいよ」
　や、
「次はこの時点で報告してください」
　などの形で、上司から働きかけがあるはずです。

　反対に、上司から
「あの件どうなった？」
　という言葉が出たらそれは、ホウレンソウ不足です。急いで
ホウレンソウを行うだけでなく、その上司に対するホウレンソ
ウの頻度を見直す必要があるでしょう。

　さらに言えば、今回のＩ部長のように、
「今までなんの相談も報告もなくてなんだ！」
　となれば、心証としては最悪。どれほど企画が優れていたと
しても、相手の気持ちとしては、受け取った時点でマイナスで
す。
　こうしたマイナスの感情が、仕事の内容そのものにどの程度
影響を及ぼすかは案件次第、相手（ここではＩ部長）の性格次第
ではありますが、評価と無関係というわけにはいかないでしょ
う。

■ 何をどうホウレンソウすればいいのか？

　多くの管理職が「ホウレンソウが足りない」と嘆く背景に
は、頻度やタイミング以外にも大きな要素がもう１つありま
す。それは、ホウレンソウした内容が、十分に伝わっていない

ということです。

　例えばメールでのホウレンソウを考えてみましょう。メール
は、じっくり見直してから送付することができ、また相手も自
分の都合に合わせて読むことができる便利なものです。
　しかしこのメールも書き方次第で、理解に大きな差が生まれ
ます。報告者としては、
「メールで報告しました」
　と思っていることでも、受け取り側からすると、
「そんなの聞いていない」
　となってしまうことさえあるのです。これはどういうことで
しょうか。

　ここでは、ホウレンソウとして好ましいメールから考えてみ
ましょう。まずホウレンソウとして好ましいのは、**結論と論
点が明確であること**です。
　メールであれば件名を見ただけでこれらがわかるのが理想
です。

　あるいはそのメールを送る段階では結論が出ていない事柄で
あっても、論点だけは明記すること。時に相談なのか報告なの
か、あるいは確認なのかもわからない、
「例の件」
　などの件名でメールを受け取ることがありますが、これはも
ってのほかです。

何が書いてあるかわからないメールは後回しにされがちです
し、また後々見直そうと思っても、うまく検索にかからない恐
れがあります。

　メールでホウレンソウを行う場合には、送付する前の準備が
肝心です。伝わるホウレンソウを行うためにも、次のように表
（これを私は「メッセージノート」と呼んでいます）にしてみるといいで
しょう。

わかりやすいメールを書くための「メッセージノート」

論点	件名	
結論	論点への「結果」「仮説」	
詳細	理由を体系的に説明	

　一番右の列は、実際にその内容を書いていきます。
　例えば、これまでお話ししてきたPCR検査センターは、あ
る程度の役割を終えた時点での縮小・あるいは閉鎖も検討して
いました。しかし2022年の春には、まだ感染者の増減の見通
しが不明確でした。
　そうした前提を踏まえ、PCR検査センターの機能とサービ
ス提供の維持について、私がソフトバンクグループの幹部にメ
ールを送る際には、

論点	件名	検査センターの池田です。PCRサービスの継続提供について
結論	論点への 「結果」「仮説」	結論は「2022年11月末まで継続」いたします
詳細	理由を 体系的に説明	変異株が登場し見通しが不明確 一般的に事前にPCRをすることが定着しニーズがある ニーズに合わせて、検査体制規模は柔軟に変更する

　というメッセージノートをまず作り、論点を整理してから実際のメールをしたためました。

　ポイントは、件名です。ここでは、「検査センターの池田です。PCRサービスの継続提供について」としています。

　私はCSR部門をはじめ、いくつかの組織に籍を置いていますので、「池田です　PCRの件で」などと書くだけでは、どの立場からの話なのかが即座には伝わりません。

　そこで「検査センターの池田です」と所属を書き、どの立場からの報告なのかを伝え、さらに内容も「PCRサービスの継続提供について」と詳しく記載しているのです。

　このように**件名でどんなスタンスから、なんの話をするのかを伝える**ようにすれば、結論や詳細が簡潔でも、用件は十分に伝わります。

　中には、添付ファイルなどを多用してメールを送る方もいますが、私は、メールは基本的にテキスト中心がいいと考えています。

プレゼン資料を送る際も、結論をスクリーンショットにして貼り付け、メールを開けばすぐに全容が把握できるようにしています。

　添付ファイルだらけのメールは、ファイルを開くひと手間が相手の負担になります。また、添付は検索しづらいという大きなデメリットがあります。やはり、**メール本文ですべてを理解できるように書くこと**が大切です。

　また、このメッセージノートは、**自分用のメモとしても有用**です。
　上司など、忙しい人に連絡をした場合、いつリアクションが来るかはわかりません。ときに、突然電話がかかってきて慌てふためくこともないとはいえません。
　その際には、この「メッセージノート」を急いで手元に開き、それをもとに対応するのです。

　ホウレンソウが、頻度、内容ともに円滑に行えるようになると、とたんに仕事の進むスピードは上がっていきます。
　以下のポイントを念頭に置いて、丁寧なホウレンソウを心がけてみてください。

ホウレンソウのポイント

案件の内容	大きいものはしっかり詳しく
重要度	重要なものほど慎重に
緊急度	急ぐものほど密に丁寧に
依頼者の性格	せっかちな人ほど密に前倒し

表を使った説明の仕方

さて、I部長に説明する時間をもらうことができました。その際持参するのは、並べ替え後の5W1H表と、これまでに作った効果分析表です。

I部長に相談するための暫定的な5W1H表

項目		内容	メモ （疑問点や懸念事項など）
Why	目的	当社の主力商品Aについての、「限定インフルエンサー」の育成による新商品の理解促進と、広報活動による差別化への理解獲得・周知を通した商品の拡販	
Who	関係者	主体　当社 協力　広告会社　サポート＋PR 　　　広告代理店　企画運営 インフルエンサー（学生、20代、30代、40代、50代以上　各10名以内想定、男女混合） 100〜250名＝＠50名×3〜5カ所 著名人　A美	

How	詳細	イベント　各地で会場を借り、3時間イベントとして以下を提供 　・特徴の説明と著名人による体験談 　・A商品の体験とゲームによる実践 　・広報に関する活動方法の説明 広報活動　インフルエンサーによるオフ会、SNS発信など 　・オフ会年8回以上、SNS75投稿（週1〜2回）以上 　→A商品無料、次期体験 全体費用　@東京　800万（会場300万＋運営300万＋設備200万） 販促効果　？	3時間＝ オープニング・説明30分 体験　45分 ゲーム　60分 広報　45分 など？
What	概要	イベント　限定感のある新商品の体験会 広報活動　イベント後の広報活動促進	
When	時期	イベント　6月 広報活動　6月から1年間	
Where	場所	全国3カ所〜5カ所（東京　新宿　××施設＋2カ所または4カ所）	同時5カ所は困難？

░░░░░：今回の提案事項

効果分析表①著名人

前提・評価すべきポイント
・「数十名（学生、20代、30代、40代、50代以上　各10名以内
　想定、男女混合）のインフルエンサー」が好意的か？
・A商品や業界に精通していたり、活動実績があるなどのイメージがあ
　るか？
・接するだけで「特別だ」と多くの人が感じられるか？

	年齢	総合評価	好意度	精通度	特別感
A美	30代	8	4 全世代	3	1 超人気 アイドル
B太郎	40代	7	3 30代以上 女性	3	1 俳優
C子	10代	6	2 10代女性 中心	4 関連連載 あり	—

効果分析表②開催時期

前提・評価すべきポイント
- なるべく早く＝速度＝「現在から最速であるか？」早いほうから5点
- 特別感・限定感＝「特別感を演出するための十分な時間があるのか？」
  ただし、長ければ長いほどいいというものでもない
- そもそも開催できるのか＝実現可能性＝会場の手配の面で検討

	総合評価	速度	特別感	実現可能性
5月	7	5 最速展開	1 会場の装飾などはほぼできず、特別感なし	1 会場をおさえられない 特急料金がかかりコストが1.2倍以上
6月	10	4 夏商戦前	3 最低限準備する時間はあり	3 主要都市の空きは確認済み
8月	7	1 商戦期を逸している	3 凝ったものでも準備可能	3 主要都市の空きは確認済み

効果分析表③東京での開催場所

前提・評価すべきポイント

・100 名以内（学生、20 代、30 代、40 代、50 代以上　各 10 名以
　内を想定。男女混合）が入り、必要設備を有する場所
・多人数・多様なインフルエンサーがいるため、アクセス利便性を意識
　し参加率を高める
・6 月の土日に開催可能で、現在空きがあること

	総合評価	利便性	設備・雰囲気	コスト
品川 ●●ホール	11	5 駅徒歩 5 分・平坦	4 新しめ、きれい	2 400 万円
渋谷 △△ホテル	11	4 駅徒歩 7 分	3 並	4 300 万円
新宿 ××施設	12	4 駅徒歩 8 分	3 並	5 250 万円

効果分析表④東京以外の開催地

前提・評価すべきポイント
- 「数十名（学生、20代、30代、40代、50代以上　各10名以内想定、男女混合）のインフルエンサー」を集められるか？
- 都市の規模として、100万人程度の人口がいるか？
- 商品Aを手に入れることができる経路（チャネル）の数はどうか？

	総合評価	都市の規模 （インフルエンサー数）	チャネル
札幌	9	4 100万前後	5 3チャネル以上
仙台	9	4 100万前後	5 3チャネル以上
横浜	5	— （東京近接）	5 3チャネル以上
新潟	5	2 70万前後	3 2チャネル
名古屋	8	5 200万超	3 2チャネル
大阪	10	5 200万超	5 3チャネル以上
神戸	7	4 100万前後	3 2チャネル
広島	5	4 100万前後	1 1チャネル
福岡	10	5 200万超	5 3チャネル以上
那覇	1	1 50万以下	0 なし

I部長には、151 〜 152 ページの表の並べ替えの際にシミュレーションした流れで、1 項目ずつ説明をしていきました。

「Who」で著名人について説明する際は「なぜその人がいいと判断したのか」、「When」で時期を説明する際には「なぜ 6 月という提案をするのか」を、それぞれの効果分析表を行ったり来たりしながら、詰めていく形です。

　I部長は、ふむふむと話を聞いてくれました。そうして、「Where」まで話し終えたところで、次のように言いました。

I部長

　不確定な情報から、いろいろ考えてくれたことはわかった。だが、本当に場所については、挙げてくれている都市がいいだろうか。これまで私は、類似商品の販売状況やシェアを意識して、今はまだ自社製品が売れていないところに重点的にアプローチして数字を伸ばしてきた。今回も、そういう地域こそ、イベント開催の意味があるんじゃないか？

　あと気になるのは、集めようとしているインフルエンサーだ。このインフルエンサーの集め方は、ちゃんとデータに基づいているのか？　弊社の商品の顧客層などのデータを見てもっと詳細に検討して、全体の底上げにつながるように考えてほしい。こうした点を修正して、3 日後に提出してほしい。

あなたとしては、全体の感触がよかったことに安堵する反面、3日という期限には驚きを覚えました。

　ただ、この新商品体験会企画を提出する営業マーケティング戦略会議は4日後だと言われたため、やるしかありません。

■ 的確なホウレンソウは自分のためにもなる

　実は、140ページのようなI部長の焦りは、この、会議日程があったからでした。I部長はこの会議日程について、あなたに伝えていました。一方、あなたとしては、この回の会議の議題が自分の企画だということを、明確に把握していなかったのです。

　I部長としては、会議が1日、また1日と迫ってくるにもかかわらず、あなたからホウレンソウがない。その状況に業を煮やしていたというわけなのです。こうして、**ホウレンソウ不足から非効率な働き方、そして残業につながってしまうケースは、実際のところ後を絶ちません。**

　先ほど、「心の妄想会議」の重要性をお伝えしました。しかし、いかに心の妄想会議をしようとも、上司とあなたは別の人間です。すべて過不足なく気付き、準備しておくことなど到底できません。

　では、どんな準備が足りていないのか？　どんな点が特に重要なのか？　何を考えておくべきなのか？

　的確なタイミングでのホウレンソウで方向性や準備を共有す

ることで、こうした点を確認できるのです。万が一事前の共有が足りていなくても、ホウレンソウをした時点で、
「この数字は準備しておけよ」
「この部分はちょっと弱いから、別のアイデアも考えておけ」
　のようなフィードバックを得ておければ、結局締め切り間際になって残業、という働き方は避けられるはずです。

　その意味で、**ホウレンソウは上司を安心させるためだけのものではなく、部下であるあなた自身が働きやすくなるためのものでもあります。**
　ホウレンソウをいかに上手に活用するかが、上司とうまく仕事を進めるためには重要です。
　その、あなた自身が働きやすくなるためのプラスアルファのホウレンソウのことを、私は「布石」と呼んでいます。この「布石」を上手に打つことができるようになると、仕事はさらにスムーズに、やりやすくなります。布石については、213ページで詳しくお話しします。

■ フィードバックを受けて見直す

　それでは、「Where」と「Who」について、再度検討していきましょう。
　Where に関しては、「前提・評価すべきポイント」に、「商品シェアを加味して、底上げを図る」という要素を加える必要があります。そこで、156 ページの効果分析表を作り直すと、次のようになりました。

I 部長からの指摘を受けて作り直した効果分析表④

前提・評価すべきポイント
・「数十名（学生、20代、30代、40代、50代以上　各10名以内想定、男女混合）のインフルエンサー」を集められるか？
・都市の規模として、100万人程度の人口がいるか？
・商品Aを手に入れることができる経路（チャネル）の数はどうか？
・販売シェアを加味して底上げを図る

	総合評価	販売シェア	規模（インフルエンサー数）	チャネル
札幌	9 →**12**	3 シェア20%（平均同等）	4 100万前後	5 3チャネル以上
仙台	9 →**12**	3 シェア20%（平均同等）	4 100万前後	5 3チャネル以上
横浜	5 →9	4 シェア15%	―（東京近接）	5 3チャネル以上
新潟	5 →9	4 シェア15%	2 70万前後	3 2チャネル
名古屋	8 →13	5 シェア10%	5 200万超	3 2チャネル
大阪	10 →**12**	2 シェア25%	5 200万超	5 3チャネル以上
神戸	7 →**12**	5 シェア10%	4 100万前後	3 2チャネル
広島	5 →8	3 シェア20%（平均同等）	4 100万前後	1 1チャネル
福岡	10 →**12**	2 シェア25%	5 200万超	5 3チャネル以上
那覇	1 →6	5 シェア10%	1 50万以下	0 なし

見ての通り、これまでの検討では選外となっていた「名古屋」が13点でトップになりました。

　そのため、東京以外に開催するとしたら、真っ先に考えるべきが名古屋で、次いで札幌、仙台、大阪、神戸、福岡を検討すべき、ということになります。

　提案としては最低でも2カ所、最大7カ所となるでしょう。

　続けて、Whoについても見直していきます。I部長からの指示通り、全体の底上げを意識する必要があります。

　では、どう集めたら、全体の底上げを図ることができるのでしょうか。

　ここで通常行うのは、「裏付けをとる」という工程です。自社製品が、どの年代に、あるいはどの性別に売れているのか／売れていないのかを調査することで、「どの層に働きかけるのが、もっとも底上げにつながるか」を検討する必要があります。

　ただ、この調査の方法そのものは、いわゆるマーケティング手法ですので、本書では割愛します。マーケティング部に相談をしたところ、下記のような男女・年代別の表をもらえたとして、話を進めましょう。

類似商品の顧客層（％）

	男性販売構成比	女性販売構成比	合計
学生	5	2	7
20代	15	8	23
30代	15	10	25
40代	15	5	20
50代以上	10	2	12
その他	5	8	13
合計	65	35	100

　この表からわかるのは、年代に限らず、すべての世代で、男性より女性の構成比が低いということ。つまり、総じて、女性への販売が弱いということです。

　そこで、「底上げ」という要素を加味して、インフルエンサーの男女構成比を「男性：女性＝4：6」で募集し育成する要素を加えることにしました。

　これらの検討を踏まえて5W1H表を修正すると、以下のようになります。

作り直した 5W1H 表（Where を I 部長の関心の高さを考慮して 1 段上に移動）

項目		内容	メモ （疑問点や懸念事項など）
Why	目的	当社の主力商品 A についての、「限定インフルエンサー」の育成による新商品の理解促進と、広報活動による差別化への理解獲得・周知を通した商品の拡販	
Who	関係者	主体　当社 協力　広告会社　サポート＋PR 　　　広告代理店　企画運営 インフルエンサー（学生、20 代、30 代、40 代、50 代以上　各 10 名以内想定、男女混合比女性 6 割）100〜350 名＝@50 名×2〜7カ所 著名人　A 美	
How	詳細	イベント　各地で会場を借り、3 時間イベントとして以下を提供 　　・特徴の説明と著名人による体験談 　　・A 商品の体験とゲームによる実践 　　・広報に関する活動方法の説明 広報活動　インフルエンサーによるオフ会、SNS 発信など 　　・オフ会年 8 回以上、SNS75 投稿（週 1〜2 回）以上 　　→ A 商品無料、次期体験 全体費用　@東京　800 万（会場 300 万＋運営 300 万＋設備 200 万） 販促効果　?	3 時間＝ オープニング・説明 30 分 体験　45 分 ゲーム　60 分 広報　45 分 など?

What	概要	イベント　限定感のある新商品の体験会 広報活動　イベント後の広報活動促進	
Where	場所	全国2カ所〜7カ所（東京　新宿　××施設＋1カ所または6カ所）	東京、名古屋 札幌、仙台、大阪、神戸、福岡 同時7カ所は困難？
When	時期	イベント　6月 広報活動　6月から1年間	

裏付けをとる

「数値でものを把握しないものは必ず衰退する。リサーチをしてニーズを明確にしろ！」

　これは、2006 年、私が孫さんと初めて会ったときに、言われた言葉です。

　このとき私は、孫さんからされた質問に対して、数字の根拠はなかったものの、

「現場の肌感覚では……」

　と説明し始めたところ、

「お前の個人の感覚なんてどうもいい！」と言われた上で、冒頭のような指摘を受けたのです。

　今回の事例でも I 部長に「データを見ろ」と言われてしまったように、**数字や根拠はビジネスの上で非常に重要**です。

　そこでここでは、その重要な中でも、特に、ソフトバンクでマーケティングに携わっていた私の視点から、数字や根拠を扱う場合の 3 つの注意点について、お話ししたいと思います。

① 数字は「意味」までしっかり捉える

　数値というものは、読み方によって意味が大きく変わってきます。

　例えば、商品の満足度を測るアンケートの場合、「95％が満足している」という結果が提示されたら、高い評価を得ていると考えがちです。でも、これをもとに、

「95％が満足しているという高い評価を得ています」

　と説明してしまえば、とたんにそれは「間違い」になります。

　なぜかというと、**「95％」という数字が本当に高いのかどうかは、この時点ではわからない**からです。「95％」という数字の意味は、他の商品の満足度の平均との比較や、この商品の評価の経年比較をしないと、わかりません。

　例えば平均が98％で今回が95％であれば、これは満足度が下がったという評価になります。

　あるいは、他に満足度が90％の商品、100％の商品があった場合には、今回の商品はまあまあの評価です。決して高い評価とはいえません。

　仮に「95％が満足」という数字を得たとしても、その数字の意味を正しく追究して初めて、数字は使えるようになるので

す。

②とり方次第で出る数字は変わってしまう

　簡単なリサーチで、「いい」「どちらでもない」「悪い」というざっくりした評価が知りたい場合があると思います。その場合、その三択のどれかを選んでもらうような形で尋ねるのは厳禁です。

　こうした場合には、「とてもいい、いい、どちらでもない、悪い、とても悪い」のような5段階評価で聞かないと、狙い通りの調査を行うことができないからです。

　なぜ、こうしたテクニカルな注意が必要なのか。それは、日本人の特性として、両極のカテゴリーを選ぶ人が少ないためです。

　例えば、「いい」「どちらでもない」「悪い」の三択で尋ねた場合、
「ちょっといいかも」
　という人は、「どちらでもない」を選びがちです。あるいは、
「ちょっとイヤだな」
　という人もまた、「どちらでもない」を選ぶことになります。

　そうすると、「どちらでもない」には、「本当にどちらでもない」と「ちょっといいかも」と「ちょっとイヤだな」が混在することになってしまいます。これでは、調査結果への信頼が置

けませんね。信頼できる数値を導き出すためには、どう調査するかが重要なのです。

③たった1つの「適当な数字」で、
他の全部の数字が台無しになることもある

孫さんに「数値でものを把握しないものは必ず衰退する」と言われ、その言葉を肝に銘じていた私ですが、そうわかっていながらも起こしてしまった失敗談をお話ししましょう。

社内起業が出始めたころ、私も実は、1つ社内で起業し、そしてその会社を潰してしまったことがあります。

その会社が提供するのは、スポーツのコーチングをオンラインで提供するサービスでした。利用者は、自分の練習の様子をスマホやタブレットで撮影し、アップする。それをプロの指導者が、映像に音声やペンを使って添削したり、手本となる動画を撮影して返信します。

自由な時間にできる。遠隔でも質の高い指導が可能となる。画期的なサービスとしてローンチしました。

もちろん、ローンチ前には、想定される顧客に対する綿密な調査を実施。顧客は、生徒とコーチの両方です。まず生徒側のニーズは、アンケートを実施して吸い上げることができました。一方、難航したのがコーチ側のニーズです。

そもそもプロの指導者が少ないこともあって、なかなかニーズが読めませんでした。それで数少ないコーチの知り合いに相

談したところ、その人が周囲のコーチ陣に聞いてくれることになりました。そこで得られた意見は、

「自分の周りはみんな使うって言っていたよ」

というものでした。

本来ならば、ここで立ち止まるべきだったのでしょう。しかし、その知り合いがとても信頼の置ける人だったこと。そして仕事では厳しい人であったこともあり、その人たちから聞き取った話をもとに、事業を組み立てることにしました。

さて、実際に起業をしてどうだったかというと、なんと蓋を開けてみれば、実際のニーズは想定の10分の1以下という惨憺たるものでした。自分の練習の様子を見てほしい利用者はたくさんいるのに、見てくれるコーチがほとんどいない。

結局、事業として成り立たず、会社はたたむしかありませんでした。

どんなに緻密に考えていても、綿密な準備を進めていても、たった1つ、適当な数字を許容しただけで、屋台骨が傾いてしまう。

「ネットで見た」とか「過去の経験ではこうだった」とか「自分の周りの人はこう言っている」などは、裏付けとしては意味をなさず、あくまで参考値でしかありません。

そうしたものを鵜呑みにせず、確実な数字の裏付けをとっていくことが、何より重要なことなのです。

3章

「表で」
結果を出す

提案は誰に向けて
するべきか？

　最初の案では I 部長から厳しい評価を受けたあなたの企画書
ですが、フィードバックを踏まえて裏付けを取り、次のような
形で作り直しました。

営業マーケティング戦略会議のための 5W1H 表

項目		内容	メモ （疑問点や懸念事項など）
Why	目的	当社の主力商品 A についての、「限定インフルエンサー」の育成による新商品の理解促進と、広報活動による差別化への理解獲得・周知を通した商品の拡販	
Who	関係者	主体　当社 協力　広告会社　サポート＋PR 　　　広告代理店　企画運営 インフルエンサー（学生、20代、30代、40代、50代以上　各10名以内想定、男女混合比女性6割）100～350名＝＠50名×2～7カ所 著名人　A美	

How	詳細	イベント　各地で会場を借り、3時間イベントとして以下を提供 ・特徴の説明と著名人による体験談 ・A商品の体験とゲームによる実践 ・広報に関する活動方法の説明 広報活動　インフルエンサーによるオフ会、SNS発信など ・オフ会年8回以上、SNS75投稿（週1〜2回）以上 →A商品無料、次期体験 全体費用　＠東京　800万（会場300万＋運営300万＋設備200万） 販促効果　？	3時間＝ オープニング・説明30分 体験　45分 ゲーム　60分 広報　45分 など？
What	概要	イベント　限定感のある新商品の体験会 広報活動　イベント後の広報活動促進	
Where	場所	全国2カ所〜7カ所（東京　新宿　××施設＋1カ所または6カ所）	東京、名古屋 札幌、仙台、大阪、神戸、福岡 同時7カ所は困難？
When	時期	イベント　6月 広報活動　6月から1年間	

　ここで、次のような疑問を持つ方もいるかもしれません。
「これまで、『どうすれば新商品の販促につながるか』と考えてきたのに、部長向けに変えてしまっているのでは？　それは会社に向けて仕事をしている（顧客を見ていない）のと同じなのではないでしょうか？」
「結局自分の成功体験から外れた決定はできないI部長のため

に、妥協していいのでしょうか？」

　私の考えでは、A社のケースで「私」の立場ならば、**この作り直しは大正解**です。その理由を考える前に、そもそもの前提についてお話ししておきます。

　多くの方は自分の上司に対して、「上司である以上、『やるべき方向』や『ニーズ』などの『正しさ』で、自分や企画を判断してほしい」と考えています。
　それは当然で、上司という役割を担う以上は、それを目指し続ける必要があると思います。
　また、上司自身もそうしたい・そうすべきだと考えているのではないでしょうか。

　ただ、それ以前に、上司は人間です。**どうしたって過去の成功体験・失敗体験が判断のベースになる。自分の知っていることは身近に感じ、初めて聞くことは珍しいと思ってしまいます。以前失敗したことには無意識にも拒否反応を示してしまう**こともあるでしょう。
　そうした前提があるのです。
　これまでご紹介してきた、表で考え、表で伝える技術は、こうした、「人間である決裁者」に「やるべき方向・ニーズ」を順序よく論理立ってアピールするツールではありますが、**それでも人は、どこかで「正しい」以外のことを根拠に物事を判断してしまうものだ**、というのも、やはり事実だと思います。

　今回のケースでは、あなたは最初に自分の考えを説明し、上司を説得するように試みました。

　しかしあなたの準備では、上司の考えを変えるに至らなかった。そして、この段階に至っても、変えるための武器を持たずにいます。

　ならば、変えずにボツになるよりも、部分的に変えてでも企画として成立させることを目指したほうが、最終的に得られるものは大きくなるのではないでしょうか。

組織でも思い通りに仕事をして結果を出す

　では、上司と考えが違ったり、上司が古い考えの人間だったりすると、仕事は思い通りにできないものなのでしょうか?

　そうではありません。ここでは、2つの観点で考えることで、上司と自分とのギャップを埋めていくことができます。1つが **「期待値」**、そしてもう1つが **「人間としての上司」** です。

　これらを考えることで、自分の思い通りに仕事を進めやすくなるほか、これまでお話ししてきた表を作る上でもその精度を上げていくことができます。

　さっそく1つずつ見ていきましょう。

仕事でも表作りでも重要な「期待値」という考え方

「期待値」という言葉を聞いたことがありますか？

　一般的には、「確率的に得られる平均」のことですが、私は少し違うニュアンスで使っています。それは、**「相手が"自分"に対して期待していること」**です。

　ただし、「期待していること」というと、
「○○さんが××してくれるといいなぁ」
「君の活躍を期待しているよ」
　のような漠然とした希望や曖昧な物事に対しても使えてしまうため、具体的に落とし込むことを考えて「期待値」という言い方をしています。

　仕事をする上で、「相手が期待していること」を考える。改めて言葉で言われると、当たり前だと思うかもしれません。
　しかし、当たり前だとわかっていても、真の意味で理解し実践できている人はほとんどいない、というのが、私の印象です。逆に言えば、**期待値を考えることで、多くの方の仕事が今**

よりスムーズに進むようになるということでもあります。

期待値には2つの種類がある

　先ほど、期待値を、「相手が"自分"に対して期待していること」と言い換えました。ここで"自分"という言葉をくくったのには、理由があります。それは、この"自分"には2つの意味があるからです。

　その1つめが、**「あなたという人物」に対する期待値**。そしてもう1つが、**「あなたのやっている仕事」に対する期待値**です。

　ここから再び、新商品の体験会のケースに戻って見ていきましょう。

　I部長の指示を思い出してみてください。I部長は、

I部長

　まずは、君を中心に企画を具現化して、組織として意思決定した上で、改めて営業マーケティング戦略会議にて披露してほしい。このチャンスをしっかりと形にしてほしい。期待しているぞ。

と言っていました。**なぜI部長は、あなたにそうした指示を出したか。**

　それは、こういう指示をすればあなたは、営業マーケティン

グ戦略会議への提出につながるようなプランを考えてくるだろうと「期待」しているからです。

「この人は、このくらいのことをしてくれるだろう」

「この件は、この人に任せれば、いい感じに進むだろう」

　これが、「人物」に対する期待です。

　そして、I 部長はあなたに任せる際に、

「こういうレベル・種類のプランを出してくるだろう」

　とある程度想定をしていたでしょう。この I 部長が想定しているレベルが、「あなたのやっている仕事」に対する期待値です。「案件」に向けた期待値といってもいいかもしれません。

　仕事に限らず、様々なことはこうした 2 種類の期待値に基づいて行われています。

2 種類の期待値

	依頼者側の心の声の例	性質
人に対する期待値	「この人ならば、このくらいのことをしてくれるだろう」 「この件は、この人に任せれば、いい感じに進むだろう」	・信頼との関わりがより深く、なかなか築けない ・達成し続けることで、より大きな案件や難しい事柄を任せてもらえるようになる ・達成できないと「失望される」「見損なわれる」
案件に対する期待値	「こういうレベルのものを出してくれるだろう」 「この程度の完成度だろう」	・1 案件ごとに生じるもので、信頼との関わりは浅め ・達成できないと「やる気を問われる」「怒られる」

例えばこんなとある家庭のひとコマを想像していただくと、わかりやすいかもしれません。

　ある家庭で、お母さんと5歳くらいの子どもが話している場面を想像してください。
　お母さんが子どもに、
「部屋に散らかっているおもちゃをちゃんと片付けなさい」
　と言って買い物に出かけたとします。

　そのとき、お母さんとしては、
「おもちゃがすべておもちゃ箱にしまわれ、おもちゃ箱も押し入れに収まって、何も床にものが落ちていない状態を作ること」＝「片付け」
　と考えていました。そしてそれを、「その子ならできる」と期待して、片付けを指示したわけです。
　この、「おもちゃがすべておもちゃ箱にしまわれ、おもちゃ箱も押し入れに収まって、何も床にものが落ちていない状態」が、お母さんにとっての片付けの期待値であり、お母さんは子どもに、「片付けがちゃんとできる」という期待値を持っています。

　ところが、この子どもは、
「おもちゃで埋まった床に通り道を作ること」＝「片付け」
　だと思っていました。そこで、お母さんが返ってくるまでに、おもちゃをとにかく部屋の隅に寄せて、通れるスペースを

確保しました。

　お母さんは、家に帰ってきたら目を三角にして怒ることになるでしょうね。なぜお母さんが怒ったかというと、もともと「この子ならできる」という期待値を裏切ったこと、そして「片付ける」という期待値を満たせなかったからです。

　一方、子どものほうに目を転じてみてください。「通り道を作る」という自分なりの「片付ける」を達成したのに、お母さんに怒られてしまった。こういうことが積み重なって、
「お母さんはうるさくてイヤ！」
　ということになっていくのかもしれません。

上司も部下も「期待値」について、考えなければいけないわけ

　もし、本書を手に取ってくださっているのが、「お母さん」の立場、上司に当たる方ならば、ぜひ考えていただきたいのが、
「この片付けのケースは、『子どもが悪い』と言えますか？」
　という点です。
　結果だけを見れば、部屋は片付いていなかったわけですから、怒りたくなる気持ちもわかります。
　でも、そもそも **「片付けてどういう状態にしてほしいのか」** をお母さんが言わなかったことにも、原因があるのではないで

しょうか。それを伝えずに、「片付いていない！」としかるだけでは、改善もありません。

　また、期待に応えていないものの、子どもは子どもなりに、片付けた。それ自体は評価する必要があるでしょう。

　一方、「子ども」の立場、部下に当たる方が手に取ってくださっている場合には、
「上司があなたに何を期待しているのかを、ちゃんと把握しようとしていますか？」
ということは考えなければいけません。
「片付ける＝通り道を作る」ことね、と勝手に決めつけて動き出してしまったら、結局怒られるのは自分です。
　何か指示を受けた場合には、相手が自分に、そしてその案件にどんな期待値を持っているのか、どんな成果を求めているのかを考えなければ、上司やお母さんを満足させることはできないはずです。

　今回の新商品の体験会のケースのように表を使って企画立案する場合、指示した人間がどんな期待値を持っているのかを最初に考えるかどうかが、実は最終的な評価を大きく左右していた、ということなのです。

評価は、相手の持っている期待値との
ギャップで決まる

　仕事において、あるいは部屋の片付けにおいて、期待値を考えるようになると、次のような変化が起こり始めます。

- **「どこまでやればいいのか」が明確になるので、ムダが減る**
- **「やるべきことの目標」が明確になるので、やる気になる**

　片付けを例に、1つずつ見ていきましょう。

　まず、「どこまでやればいいのか」について。お母さんは、「部屋に散らかっているおもちゃをちゃんと片付けなさい」

　と言って出かけました。このとき、お母さんの期待値をしっかり理解していれば、「床に落ちているおもちゃがすべておもちゃ箱にしまわれ、おもちゃ箱も押し入れに収まって、何も床にものが落ちていない状態」を作ればいいということがすぐにわかります。

　つまり、「おもちゃ箱の中にすべてのおもちゃが入ってさえいれば、おもちゃそのものはどんな状態であってもいい」し、「おもちゃ箱が押し入れに入ってさえいれば、フタがきちんと閉まっていないとかそういうことについては問われない」ということです。

　また、手をつけるべきは「床に落ちているおもちゃ」であって、机の上が散らかっているとか、たんすの中がぐちゃぐちゃ

だとか、そういったことは考える必要がないこともわかります。

期待値を理解して取り組んでいれば、「何を」「どこまで」やるべきか、というラインが明確になります。そのため、相手が特に求めていない「プラスアルファ」の部分に時間や労力を割かずに済む。物事の効率が上がるのです。

反対に、期待値を理解しないで物事に取り組んでしまうと、相手はまったく気にしていないような、ささいな点にばかり注力してしまって、生産性が下がってしまうことになります。

続いて、「やるべきことの目標」について。

人間の認知というのは不思議なもので、ゴールを明確に描けた瞬間、ゴールに向けて進めていく能力が高まることがわかっています。

そのため、「片付けた後の状態」を的確に共有できれば、その状態に持っていくことの難易度そのものが下がるのです。

期待値は「ギリギリ超える」が正解？

期待値を把握することは、生産性を上げ、仕事の効率化につながる。そう考えると、「期待値をいつもギリギリ超えていくことが、仕事においてはベストだ」と思われる方もいるかもしれません。

しかし、そう考えるのは早計です。実は期待値は、「最低限超えなければ評価されないライン」。**あえてそれを大きく超えていくことで得られるものもある**のです。相手にうれしい驚きを与える——いわゆる**「サプライズ」**です。

　数年前の娘の誕生日に、家族でディズニーランドに行きました。ディズニーランドでは、誕生日に行くと「バースデーシール」がもらえます。それを見えるところに貼っていると、キャストさんをはじめ多くの人が、
「ハッピーバースデー！」
　と声をかけてくれます。多くの人に声をかけられ、ディズニーキャラクターたちにも拍手で祝われて、娘はうれしくてしょうがない。ずっと笑顔で1日を過ごしました。

　その日は自家用車で行っていたのですが、ディズニーランドから自宅への車内でも、娘はずっとご機嫌でした。
「楽しかったね」と家に到着し、車を降りるときにふとワイパーを見ると、バースデーシールが挟んでありました。そのシールには、手書きで「おめでとう！！」と書かれていたのです。

　一瞬、私はちょっと気味の悪さを感じました。考えてみてください。うちの車は、終日ディズニーランドの駐車場にありました。日中、一度も車に戻っていませんし、車の周りで誕生日の話をした覚えもありません。

その車の持ち主が誕生日だと、どうしてわかったのか？

どこかで誰かが見ていて、こっそりシールを置いたのだとしたら、ちょっと気味が悪いと思っても当然でしょう。

しかし、差し込まれたシールの裏側を見た瞬間、その不審の気持ち吹き飛びました。シールの裏には、

「365分の1日　今日のこのステキなナンバーのご来園に」
「記念と感謝をこめて　ステキな1日を」

と手書きで記されていたのです。そうでした、うちの車のナンバーは、娘の誕生日なのでした。おそらく、日付と同じ数字（例えば11月18日なら11-18）のナンバープレートの車には、「誰か誕生日の人がいるのだろう」と考えて、そうしたサプライズをしているのでしょう。

この日、私たちは、

「誕生日の娘を連れてディズニーランドに行ったら、たくさんの人にお祝いしてもらえて、娘も喜ぶだろう」

という期待値を持ってディズニーランドに行きました。確かにその通りでした。しかしさらに、

「車にまでお祝いのメッセージを残してくれた」

というのは、期待値をはるかに超えたサプライズでした。相手の想定をはるかに超えるサプライズを提供することで、一気に信頼を得ることができる。それを実感した出来事でした。

期待値は
「誰」を読むべきか？

　ここで疑問に思う方もいるかもしれません。

　「新商品の体験会のケースは、とりあえずは上司が指示をしてはいるけれども、最終的には営業マーケティング戦略会議があり、さらには世の中の評価もありますよね。誰の期待値を考えればいいんですか？」

　それは、**直近で決裁権がある人、承認者**ということになります。会社という構造上、世の中や全社会議で勝負するには、その前のステップをクリアしないといけないからです。

　I部長に認められなければ、全社会議にも進めない。となれば、まずはI部長の期待値を考えるところから始めましょう。

　では、I部長の期待値をクリアするには、どうすればいいでしょうか。

　それは、I部長自身の発言や性格、過去の経験を踏まえ、I部長が何を重視しているのかを考えることで、見えてきます。

　例えば今回のケースでは、I部長からのフィードバックによ

って、5W1Hのうち★をつけた2カ所を重視していることがわかりました。

I部長が重視している点

Why	目的	
What	概要	
Who	関係者	★
Where	場所	★
When	時期	
How	詳細	

あるいは、I部長自身が実は、「そもそもこの提案をやる必要あるのか？」と疑問に思っていたり、「理解できない」と考えていたなら、★は「Why」の箇所に入ったはずです。

その場合は、背景や裏付け、理由をしっかり丁寧に準備し、説明することが求められるでしょう。

I部長が過去に価格競争で成果を上げた実績があって普段から価格を意識した販売戦略に重きを置きがちだったり、データを重視する理論派であったり、熱血漢でややせっかちなタイプであったりすれば、重視する箇所は変わってきます。

また別の、次のような人が上司ならどうでしょうか？

Y部長は、新しいものが好きで、過去にも自分のアイデアを形にして会社に大きな利益をもたらしたことがあります。堅実

に成功することも必要だとは言いますが、独自のアイデアや新しい取り組みの要素を重視しています。

　ここで挙げたのは典型的ないくつかのタイプですが、人の期待値の持ち方は、その人の経験（マーケティング、営業、財務、人事、技術など）や案件によって変わっていきます。新しいもの好きのY部長だからといって、社の威信を賭けたような取り組みでは、リスクを抑えた決定を好むかもしれない、という具合です。

　期待値は相手によっても案件によっても異なりますから、その都度考え、準備する必要があります。
　そもそもこれは、何のための資料なのか？
　誰が見る資料なのか？
　優先すべきはスピードなのか完成度なのか？
　直接の承認者、決裁者は誰なのか？
　最低でも、こうしたことを意識しないと、仕事の効率は大幅にダウンします。**仕事の効率が悪いのは、やることが多すぎるからでも、要領が悪いのでもなく、期待値が見えてないからなのです。**

「相手の期待値を読む＝
相手の度量の中で仕事をする」ではない

　もしかしたら、期待値を読んでいる段階で、自分と上司の考

えのズレを感じることもあるでしょう。例えば上司は価格を重視しているのに、自分はブランディングで勝負したいと考えているような場合です。

その場合は、諦めて上司の期待値に合わせるしかないのでしょうか？

それは違います。もし部下が、上司の期待値の中だけで仕事をしていたら、その組織は発展性がありません。**部下は、上司の期待値を踏まえつつ、それを超えていけばいいのです。**

上司の期待値と自分のアイデアを明確にできれば、上司と自分の考えの差が浮かび上がってきます。この差がわかれば、それを埋めるために必要なものが見えてくるのです。

なぜ、ブランディングが必要なのか。商品や企業の価値の差別化、顧客認識度のアップ、信頼性の獲得など、様々な要素があるでしょう。それを上司が想定する価格競争と比較検討し、データや資料など、説得するための要素を準備しておくのです。

ここで必要なのが、先にお話しした**「心の妄想会議」**です。この準備なしに企画書を作って上司と話をしても、それは単なる空中戦です。当然、上司のほうが経験や知識も上ですから説得できるわけもありません。

自分がブランディングの重要性を語ったのに、

「何を言ってるんだ、価格で勝負すればいいだろ！」

　など、相手に何も響かなかったときというのは、たいてい、相手の期待値を読み違えているか、相手の期待値を無視して、ただ「自分の言いたいこと」だけをアピールしてしまっています。

　相手の期待値を超えていかなければ、どんなに別の方向に優れたアイデアであっても、評価されることはありません。

　相手の期待値を考えた上で、どんな準備をするか。それが、自分の思い通りに仕事を進め、結果を出すための近道なのです。

案件の期待値を超えていくと、人への期待値が上がっていく

　期待値を考えて行動していると、目の前の仕事がうまくいく以外のメリットも得られます。

　「あいつに頼めばなんとかしてくれるだろう」と、人に対する期待値が高まり、**信頼を勝ち取れる**のです。

　私は会社でCSR部門に所属しながら、2011年7月から東日本大震災復興支援財団事業局長（現・子ども未来支援財団専務理事）を兼務し、東北の子どもたちとその家族を応援するために復興支援・地域活性の活動を推進しています。

　この業務をするようになってから、より社外の人と接する機

会が増えたわけですが、何かを依頼されるときも私は、

「この人は私に何を期待しているのだろう、なぜ私に相談しているのだろう」

と相手が自分に求める期待値を考えながら話を聞いています。

ひと口に東日本大震災で被害を受けた地域といっても、地域によって状況も抱えている課題も千差万別。さらに同じ地域でも担当者によって考え方も目線も様々です。

相手に興味を持ち、相手を知りたいというオープンな姿勢になれば、自ずと心も態度もポジティブなります。こちらがそうしたポジティブさを示すことで、相手も「この人にサポートしてもらいたい」という気持ちが大きくなっていくのです。

これは少し恋愛とも似ているかもしれません。思い出してください。思春期に異性に好意を抱いたとき、相手のことを知りたいと考え、あれこれ思いを巡らした経験があると思います。

誕生日はいつだろう？　趣味、好きな食べ物、好きな音楽は？　相手を喜ばせるには、好かれるためにはどうしたらいい？　自分のことをもっと理解してもらうには？

恋愛の場合は好き嫌いの感情に左右されて、いくらこちらが期待値を考えて行動しても成就しないケースもありますが、仕事の場合はたいていは、一定の成果は得られるはずです。

話が少し逸れましたが、東北を回っていたときに、私はずっ

と、この期待値を読む姿勢で臨みました。すると何かあれば「池田に相談してみよう」という気運が高まり、"よろずや"と呼ばれるほどに相談事が舞い込むようになりました。

「そういえば、池田さんの担当の話じゃないんだけど、iPadについて教えてほしい」

というような相談も来て、高齢者向けの無料のiPad教室を開催したりもしました。

無料の教室ですから、そこから利益は生まれませんが、もしかしたら参加者の中にはソフトバンクに好印象が生まれ、携帯電話をソフトバンクに乗り換える人もいるかもしれない。

社会貢献というCSRの目的を果たし、結果として会社への貢献にもつながっていくわけです。

「人間としての上司」を知る ということ

　自分の思い通りに仕事を進めるために期待値と並んで重要なのが、**「相手を知る」**ということです。

　ここでいう相手とは、上司はもちろん、同僚やチームメンバー、取引先など、仕事で関わる様々な人のことです。

　あなたは周囲の人のことをどれだけ知っていますか？

　実は多くの人が、仕事で関わる相手のことを「ほとんど知らない」ままなのではないでしょうか。

　私は、企業や自治体でまる1日の研修をさせていただく際には、いつも「1時間」をかけて自己紹介をしています。

　仕事に関することだけでなく、子どもの頃から学生時代の話、趣味の遍歴など、「私」というものを包み隠さずお話ししています。

　ところが、散々私の情報をお伝えした後でも、

「あなたが仮に私の部下だとして、5W1Hのうち、私が一番

気にするポイントはどれだと思いますか？」

　と聞いても、誰もピンときません。

　どれだけ自分のことを語っても、何を考え、何を重視して、どう判断するかはほとんど伝わらない。1時間という長時間の自己紹介は、**「人というのは、これほどわかり合えないものなのだ」**ということを理解してもらうための時間だったのです。

　期待値を考える上では、相手がどんな人なのかを知ることが不可欠です。それなのに、どんなに相手の情報を得たとしても、どんな人かを完全に理解することはできない。**相手のことをわかったつもりになっていると、足元をすくわれる。**

　これは、仕事をする上で絶対に忘れてはいけない前提です。そのことを私が痛感した出来事がありました。

「わかったつもり」で大誤算

　東日本大震災の復興支援の一環で、ソフトバンクが行った取り組みの1つに「チャリティホワイト」というオプションプランがあります。月額利用料にプラス10円の寄付をいただき、ソフトバンクも10円を加えた計20円を被災地の子どもに毎月寄付する、というものです。

　もちろんソフトバンクでは、震災直後から、通信サービスや

店舗などの復旧、募金窓口の設置、携帯電話の貸し出しなどへの対応を行っていました。しかし、必要な復興支援は、発災直後の短期的なものだけではありません。

被害が大きければ大きいほど、数カ月、あるいは数年、十年以上にもわたった支援は不可欠です。街は数年できれいになるかもしれませんが、人への継続的な支援が必要なはずです。

阪神・淡路大震災での復興支援を見る限りでは、発災後3カ月もすると、支援金が激減してしまっていました。そうした事態を防ぎたい、一時的ではなく継続的に支援できる方法はないかと模索する中で生まれたのが、このプランでした。

私はかつてマーケティング部署にいたときの、新料金プラン作成の経験を生かし、同様に数字の試算やオペレーションの設計を行い経営会議にかけました。

プランの概要は孫さん以下、経営陣全員からすぐに好反応を得られたのですが、最初の経営会議では、

「決裁不可。やり直し」

なぜダメなのか、どこに問題があるのかと尋ねても、「もう一度よく考えて提案し直すこと」と、とりつく島もありませんでした。

結果として寄付先を提案し直して、「チャリティホワイト」は赤い羽根の「中央共同募金会」と「あしなが育英会」を寄付

先とし、2011年8月のサービス開始から、のべ300万人を超える申し込みを獲得。合計寄付額は11億1770万296円となりました（2020年7月31日をもって、新規受付を終了）。

　しかし、この最初の提案が通らなかったのは、私が、孫さんはじめ経営陣を「わかったつもり」になっていたからに他なりません。

　最初の提案の際、私はとにかく、「被災地の子どもたちに、長期・継続的に支援する」ということだけを考え、それができそうな団体をいくつかピックアップしていました。中には、発足して間もないところもありました。

　しかし、経営陣が重視していた点は、それだけではありませんでした。長期的・継続的な支援はもちろんの前提として、さらに「できるだけ迅速に」「より多くの成果を上げる」ことも重視していたのです。

　私が提案した「発足して間もない」団体は、知名度や実績という点で、不十分でした。
　寄付を呼びかける際に、まず「どんな団体なのか」から説明しなければならず、また「なぜその団体に寄付をするのか」についても説明を求められる可能性もありました。
　1回1回の説明はちょっとしたことかもしれませんが、それが全国で行われたら……。寄付のスピード、そして金額に影響を及ぼすことになるのは間違いないでしょう。

「被災地を支援したい」「会社としてできることをしたい」という想いに駆られて、孫さん、そして経営陣が何を大事にしているのかを、見失っていた結果でした。

　そもそも相手はどんな人間なのか。何を大事にして、何を気にするのか。どんな提案に喜び、どんなことに怒るのか。
　こうしたことは、**100％理解できることがなくとも、少なくともそれを日々考えて、行動することが重要です。**それが、仕事を進めていく上では不可欠なのです。

どうすれば
「相手を知る」ことが
できるのか？

　先ほど私が孫さんはじめ経営陣の考えを読み違えたことから
もおわかりいただけるように、相手を知ることは容易ではあり
ません。

　いくら業務をスムーズに進めるためとはいえ、部下やメンバ
ーにプライベートなことを尋ねれば、ハラスメントにもなって
しまいかねない今の時代、どのように相手を知ればいいのでし
ょうか。

　常とう手段としては、相手が公表していることや日常の発
言、誰といるか、SNS等の発言を追う、ということになりま
すが、日々、そうしたことに時間を費やすのは難しく、また発
信していない人もいます。

　そこでここでは、**忙しいビジネスパーソンでもすぐにでき
る、相手を知るために大切な3つのコツ**をお伝えします。

1 頭を占めていることTOP3を、オープンクエスチョンで尋ねる

　相手を知るには、相手自身に教えてもらうのが一番の近道です。そして、知りたいとなれば、質問するしかありません。しかし、だからと言って、

「彼女はいるの？」

　などと聞いてしまっては一発アウトです。相手を不快にさせずに、相手から自分のことを教えてもらうために、私がよく一対一のときに使うのが、

「頭を占めている TOP3 は？」

　という質問です。

　もちろん、答えてもらう内容は、仕事のことでもいいし、そうじゃないことでもかまいません。混ざってももちろん OK です。例えば、

「1 位は引っ越しです。今週末引っ越すんですけど、まだ全然荷造りができていなくて。2 位は○○社の案件がちょっと心配ですね。3 位は昨日の研修です。すごく勉強になったので……」

　などと返ってきたとしましょう。そうすると、

「へえ、引っ越すんだね。どこら辺に引っ越すの？」

　のように話を膨らませることができます。

　相手からしゃべってくれることを深追いしていけばいいの

で、コミュニケーションが取りやすくなります。

　追加で質問をする際にも、相手が「はい」「いいえ」で返事ができる「クローズドクエスチョン」ではなく、自由に答えてもらう「オープンクエスチョン」で尋ねると、より深い情報を引き出すことができます。先ほどの引っ越しの話で、
「どこら辺に引っ越すの？」
　というのは、オープンクエスチョンの一例です。すると相手は、
「横浜のほうです」
「北区に実家があって、そこにいったん戻るんです」
　などと返しやすく、さらに話が盛り上がるでしょう。

　私は特に部下に対しては、
「この１カ月で頭の中を占めているトップ３は何？」
　と定期的に聞くようにしています。こうした質問を通して、これまで私自身も、部下から、
「実は母が急に入院して……それで頭がいっぱいなんです」
　とか、
「この間プロポーズされたんです。来年には入籍しようと話しています」
　といった、個人的な事情を教えてもらったことがあります。

　こうした事情は、仕事とは直接つながっていないとはいえ、例えばその時期は責任の重い仕事はやめようとか、残業が少な

くなるようにしようとか、そうした判断につながっていきます。

相手が何を大切に思っているかも見えてくる、とても重要な情報です。

さらに多くのことを知りたければ、「いいこと」と「悪いこと」それぞれの TOP3 を聞くといいですね。定期的に繰り返すと、頭を占めているものの順番が変わったり、なくなったりすることで経過観察もできます。

これはビジネスだけでなく、プライベートでも有効です。私は子どもと一緒に入浴しているときなどによくやっています。小学生の三男は、たいていゲームや遊びのことばかりですが、定期的に聞いていると、「あれ？　この前はそんなこと言ってなかったね」と変化に気がつくことができるのです。

2　「自分のこと」をきちんと話す

相手のことを知るために意外に重要なのが、「自分のこと」を話すことです。これは、**「自己開示」**といわれています。

私は前述のように、セミナーでは 1 時間をかけて、自己紹介をします。それは、ただ私が自分のことを話したいから……ではありません。

人には、相手が自分のことを話してくれたら、自分も相手に自分のことを話しやすくなる性質があるからです。

　事実、私が川崎市出身であることを話すと、

「私も川崎出身なんです」

「先週末、川崎駅のショッピングセンターに行って……」

　みたいな話が返ってきます。

　こうしたことをきっかけに、再びオープンクエスチョンを駆使することで、相手のことを知ることができます。

　人は、知らない人には自分の話はしたくありません。まずは、**自分から自分のことを話す**こと。そうすることで、会話しやすくなっていくはずです。

3　相手の話は「うなずいて聞く」

　傾聴（けいちょう）という言葉を聞いたことがありますか。簡単にいえば、「相手の話に耳を傾ける」ということ。相手の話を聞くときに、相手の立場になって気持ちに共感しながら聞くことです。

　相手を知るためのポイントの3つめは、この**「傾聴」**です。

　傾聴は、米国の心理学者であるカール・ロジャーズが提唱した「積極的傾聴（Active Listening）」の技法のひとつで、ロジャーズの3原則と呼ばれています。

ロジャーズの3原則

1. 共感的理解 （empathy, empathic understanding）	相手の話を、相手の立場に立って、相手の気持ちに共感しながら理解しようとする。
2. 無条件の肯定的関心 （unconditional positive regard）	相手の話を善悪や好き嫌いの評価を入れずに聴く。相手の話を否定せず、なぜそのように考えるようになったのか、その背景に肯定的な関心を持って話を聴く。
3. 自己一致（congruence）	わからないことをそのままにせず、話がわかりにくいときはわかりにくいことを伝えて確認する。

これをもっと簡単に言い換えると、

	目的	発する言葉
うなずく	「興味がある」ことを示す	「ええ、なるほど」
繰り返す	「聞いている」ことを示す	相手の言葉と同じことを言う
要約する	「状況を把握している」ことを示す	相手の話の中からキーワードを言う
質問する	相手の話を具体的に「掘り下げる」	「どんな〜が好き?」など

となります。

まずは、**意識的にうなずく**ことから始めてください。相手の話に「うん、うん」「はい、ええ」と、うなずくだけです。

そうすると、その後に否定されようが肯定されようが、とにかく「聞いてもらえている」という安心感を覚えます。この感

覚が、相談のしやすさや声のかけやすさにつながり、コミュニケーションロスが起こりにくくなるのです。

「ちゃんと聞いているよ」ということを態度で示すことは相手の心理に大きな影響を及ぼします。

　さらにじっくり話を聞きたい場合に有効なのが、**「繰り返す」**です。相手が、

「クライアントのレスポンスが遅いんです」

　と言えば、

「そうか、レスポンスが遅いんだ」

　と繰り返します。この手法は、「オウム返し」などの形でよく知られているので、実践されている方も多いでしょう。

　しっかりと耳を傾けてから、

「つまり代理店との連携に問題があるんだね」

「先方の管理システムが構築されていない可能性があるね」

　などと、相手の言葉そのままではないキーワードを示すのが**「要約する」**段階です。要約が的確になされていると、相手は、

「自分の言いたいことがきちんと伝わっている」

　という安心感を、よりいっそう強く覚えます。

　一方で、中途半端なタイミングで要約してしまったり、相手が特に伝えたいこととずれていたりすると、「早く話を終わらせたいのかな？」「ちゃんと聞いてくれているのかな？」と不安を与えてしまいます。

そして最後に「君はどうしたい？」「相手にどうしてほしい？」と質問を投げかけてみてください。悩みを打ち明けているときに、自分の中で問題が整理できて解決に導かれることもあります。そこで相手に自分の話を整理されると、より解決の糸口が見つかりやすくなるでしょう。

「人の話を聞く」というのは、当たり前だし、言われなくてもやっていると思うかもしれません。しかし、自身を客観的に振り返ってみると、案外みなさん、きちんと聞けてはいないものです。聞き流していたり、仏頂面で聞いていたり……こうした相手とは、話す気になれませんよね。

丁寧に聞くだけで、相手は心を開きやすくなり、相手について知るチャンスにもつながっていくのです。

「期待値」×「相手を知る」で
信頼が生まれ、
結果につながる

　仕事とは、言うまでもなく、人と人が関わって成し遂げるものです。人と人が関わるとき、そこに必ず感情が生まれます。**求められる期待値に応えると、相手は心地よさを感じる。この繰り返しが、人への信頼につながっていきます。**

　かく言う私も、周囲に人がいて、仕事とは人と人が関わって成し遂げるということを見失っていた時期があります。

　入社して最初に配属された営業部で、販売代理店である家電量販店に向けての営業活動をしていた頃のことです。

　前述のとおり、ソフトバンク（当時はJフォン）は当時まだ、大手2社を追いかけている状態でした。「なんとしても売らなければいけない」という雰囲気が、私だけでなく全社的にも漂っていたように思います。

　家電量販店に足を運んでの営業活動では、自社の商品棚の整理なども含まれます。そうすると、店舗に来ている買い物客に話しかけられることも珍しくありません。その人たちをつかま

えて、自社の携帯電話をとにかく売り込む。近くにいる人にも
声をかけて、自社商品をアピールする。自社商品のアピールに
邁進（まいしん）する日々を送っていました。

　しかし、それでもなかなか思うような数字が上がらない。精
神的に追い詰められ、
「このままではまずい。『在庫限り』とか『今日だけ』とかの
でまかせでも言わないと、数字は伸ばせないんじゃないか」
　と、悪の道に踏み出しそうになった頃、担当店舗のいくつか
で、急に数字が伸び始めました。

　特別なキャンペーンを展開しているわけでもない、毎日のよ
うに私が通ってアピールしているわけでもない。そんな店舗で
のいきなりの変化に、私は率直に、お店の人にその理由を尋ね
ました。すると、
「もし、何を買おうか迷っている人が来たら、とりあえずはＪ
フォンの機種を勧めようと話していたんです」
　と言ってくれたのです。

　前述のように店舗に立っていると、実は携帯電話以外の家電
を見に来た人にも声をかけられることがありました。
「扇風機が欲しいんだけど」
「どの洗濯機がいいかしら？」
「これとあれの違いは何？」
　など。確かに、お客様からすれば、スーツを着て営業してい

る私がどこの会社の所属かはわからないわけですから、そうした質問をされるのも当然です。そうしたお客様に対しては、売り場に案内し、
「これは省エネタイプだからいいですよ」
「こちらは音も静かでお値段もお得です」
　と自分がわかる限りの商品説明をして、売り場の担当者につなぐ。そんなことをしていました。
　こうした私の取り組みを、店舗の方が見ていてくれたのでしょう。

「池田さんが来ると、他の家電がよく売れるんです。だから携帯で、もし、何を買おうか迷っている人が来たら、とりあえずは……」
　と言ってくれたのでした。

　店舗が私に求めていること、それは一言でいうと「親身な営業」だったのです。
　店舗には頻繁に顔を出し、お客様には丁寧に接し、つねに売り場をきれいに整えておく。そうした当たり前の営業こそが相手の期待値であり、それに応えられたことで信頼が築かれた。本当に貴重な学びを得る機会でした。
　一瞬でも悪の道を考えた自分を猛省する機会ともなりました。

　結果として、1999年、私が駐在担当していた千葉エリアの

量販店では販売目標、販売キャリアシェア、ともにナンバーワンという目標を達成することもできました。

　相手を知ることで、期待値がわかるようになり、信頼を得られるようになって、結果につながっていく。**期待値と相手を知ることの好循環**を、あなたもぜひ実感してみてください。

4章

「表で」
人を動かす

社内政治、
ネゴシエーション……
上に立つ人の世渡り力

　多くの仕事は、自分ひとりでは完結しません。人と人が協力し合って形になるものがほとんどです。

　それだけに、仕事に関する悩みは人間関係や対人問題が上位に来ることも多いものです。

　そこで、本章では、チームの作り方・人の動かし方についてお話ししていきたいと思います。

　新商品体験会のケースに戻ります。また、さらにここで、I部長に目を転じます。I部長としても、この体験イベントは必ず成功させたいと考えていました。そんなとき、何ができるでしょうか。

成 功 率 を 上 げ る
「 布 石 」 の 打 ち 方

　Ｉ部長は、部長という立場であるとはいえ、より俯瞰すれば**「大きな会社の中間管理職」**です。自分がいいと思ったものが部をまたいだ会議で必ず通るとは限らない。そんな立場です。

　そこでＩ部長は考えます。

「今回の新商品は、確かＮ常務の肝いりだったはず。この件についてはＮ常務の意向が強く反映されるんだよな。Ｎ常務こそが、自分がアプローチできるキーパーソンなのでは？」

　キーパーソンに対してできること。それは、**「布石を打つ」**ということです。Ｉ部長は、エレベーターでＮ常務と一緒になった際に、

「今度の体験イベントはこういう方向性でいこうと思っているのですが、どう思われますか？」

と口頭でゆるやかに聞くことにしたのです。

　この、事前に口頭でゆるやかに聞くというのが、布石を打つ

ということです。ポイントは、**「口頭で」**ということ。人間とは不思議なもので、紙に印刷されていると、それがあたかも決定事項のように見えてしまうのです。

　私自身も新人の頃、資料作成の途中で相談しようと上司に見せるや否や「違うだろ！」とダメ出しをされていました。
「いえ、まだこれはドラフトなので」
　といくら弁解しても、なぜか毎回強くダメ出しをされてしまう。印刷してしまったことで、「間違っている」ことが相手の印象に残ってしまっていたのです。それで資料を作り直すだけで済めばまだいいのですが、
「そもそも、そんな企画はあり得ないよ」
　というような、企画そのものへの強いダメ出しにつながることさえありました。

　ところが口頭で尋ねると、
「いやいや、そうじゃないよ。こっちだよ」
「その点は十分気をつけて進めてくれよ」
「ああ、それでいいよ。そうなんだよ、そこが難しいんだよなあ」
　と、**正誤にかかわらずソフトな反応になる**のです。

布石を打つべきタイミング

　では、布石はいつ打つべきでしょうか。頻度や回数は、案件の大きさによって、あるいは重要度によって変わります。ここでは体験会の事例で見た場合の、理想的な布石の打ち方を考えてみます。

■ 1回目：動き出し直後

　Ｎ常務への布石の1回目として理想的なのは、**動き出した直後のタイミング**です。口頭で、

「今度の体験イベントはこういうふうに決めたいと思ってるんですよ」

　とか、

「部員とこういう方向性はどうかと話しているんです」

　といった形で布石を打ちましょう。

■ 2回目：営業マーケティング戦略会議の1カ月前

　2回目は、会議の1カ月前です。内容は、1回目の布石から少し踏み込んだレベルでいいでしょう。

■ 3回目：営業マーケティング戦略会議直前

　直前のタイミングでは、提出された資料を持ちつつ具体的に内容を伝えるといいでしょう。

「この形で出そうと思うんですが、問題ないですよね」

ここでの所感を踏まえて、最終的な部としての提案を決めて
いきましょう。

　このように、**布石を打たれる相手からすると、何度か同じ話
を、同じ人から聞くことになります。**これが現場からの発案
で、全社に対する提案事項などの場合には、この**「複数回聞
く」ということが大きな意味を持ってきます。**
　**何度か同じ話を聞くと、人はそのことに対しての理解や興味
が持てるようになるからです。**

　最初は、
「ふーん、現場でそんな話が進んでるの？」
　くらいの印象でも、やがて、
「その話ね、気になっていたよ」
　というふうに発展していくことも珍しくありません。

　ここでご紹介したのはあくまで理想の形です。今回の例もそ
うですが、物事のタイムライン次第で2回目を減らしたり、あ
るいは回数を増やしたりするなど調整してください。
　的確に布石を打つのは、これまでご紹介してきたノウハウと
比べて、**やや上級編**というのが正直なところです。
　しかし、自分のやりたいことを実現するためにも、布石とい
うのは大変有効なツールです。身につけて損はありません。

布石はリスク回避にもなる

この「布石を打つ」方法は、言い換えれば「ゆるやかな確認」です。「方向性」や「懸念」をあらかじめ確認できるため、リスク回避にも役立ちます。

新人時代、あるプラットフォームを運営してもらう外部業者を選定せよとの指示を受けたことがあります。申請のあった業者のデータを収集して比較検討したところ、目的に合って条件のいいC社がピックアップされました。そこでC社で進めるという企画書を作成して上司に見せたところ、すべてに目を通すまでもなく、

「これはダメだ」

と却下。なぜかと尋ねたところ、C社の前身とは過去に取引があり、その際にトラブルで大変な事態が起きていたというのです。

私としては、自分が入社する以前のことであり、ましてや社名も違う。そんな問題が内在していたなんて、まさに青天の霹靂でした。企画書を作成する前に、それこそ口頭で、

「この会社がよさそうなんですけど、どうでしょうか?」

と、聞いておけば回避できたことでした。このように、**布石は自分が知らない前提を確認するためにも、打てるだけ打っておく必要がある**のです。

この布石を打つ、というスキルは、

「ちょっとこれ、まとめておいて」

　などと詳しい説明もなく仕事を振られるいわゆる **"むちゃ振り" への対応にも有効**です。

　資料をまとめるように言われたものの、何のための資料なのか、目的は何なのか、皆目見当がつかない、なのに追加で話を聞くことができそうにないようなケース。

　あるいは、ここまで極端ではないにしても、期待値を読もうとしてもヒントが少なすぎて、方向性が見えにくいことは少なからずあると思います。

　そんなときには、ぜひ積極的に布石を打ってみてください。

「こういう感じでまとめているんですけど、これでいいですか？」

「昨日の件、ちょっとここが難しいですが、この方向でいいんですよね？」

　といったように、口頭でゆるやかに聞いてみるのです。

　進める方向が見えてくるばかりでなく、**途中である程度合意が取れたことにもなるので、最終的に提出した資料についても、理解が得られやすくなる**はずです。

布石が効力を発揮するのはどんな場面か

　必ず布石を打っておきたいのは、プロジェクトに参加するメンバー構成や体制を組むとき、いわゆる座組ですね。特に外部を交えた座組では必須です。

　個々の能力や実績がいくら優れていても、"混ぜたら危険！"というケースもあります。そのジャンルの情報に長けた人や経験のある人に、ゆるやかに口頭で確認しましょう。

　飲み会のメンバーのような場面でも同様です。キーパーソンについては、ゆるやかに口頭で確認をしましょう。
「前は仲よかったけど、最近、AさんとBさんは犬猿の仲みたいだよ」
　なんて情報を後から聞いて冷や汗をかく、ということを回避できます。

　なお、私自身もそうですが、ゆるやかな確認は、わざわざデスクに来られるより、廊下やエレベーターなど、**たまたま会ったときにされるのが一番答えやすい**ものです。
　最近はテレワークも増え、社内で上司や同僚とばったり会う機会も減りました。
　私は確認を取りたい相手のスケジュールを確かめて、**あえてたまたま会うシチュエーションを作る**こともしています。回り

道のように見えるかもしれませんが、こうした小さなコミュニケーションの積み重ねこそ、仕事を最速で進める大切な要素なのです。

「布石を打ちたい、けど打てない」というときは

　私自身も日々の仕事の中では、「布石を打つ」ことを心がけています。特に、重要な決定権を持つキーパーソンが相手ならば、なおさらです。

　しかし、重要な決定権を持つキーパーソンなのに、布石が打てない相手がいます。それは、孫さんです。

　とにかく多忙な人ですから、直接、
「ちょっといいですか？」
　なんて尋ねることはできません。
　では、このようになかなか接することができない立場の人の場合はどうするか。

　周囲から情報を収集することです。例えば社長室のメンバーに、
「孫さん、この件のことで何か言ってましたか？」
　と聞いて、なるべく情報を集めます。それでも「当たって砕けろ」になってしまうこともあります。
　もし本当に砕けてしまった場合には、その後の速さが重要。

当日、遅くとも翌日には「まだドラフトですが見てください」とぶつけるのです。

「布石」がちゃぶ台返しを防ぐ

さて、157ページでの新商品の体験イベントに関するI部長からのフィードバックは、実は布石によって得た情報に支えられたものでした。

もしかしたら、読者の中には、
「布石を打つなんて、純粋に中身で勝負していない汚い方法のようで、イヤです」
と思う方もいるかもしれません。

そういう方にお尋ねします。
「企画が通らなかったり、大きな仕事を任せてもらえなくなったりするのと、どっちがイヤですか?」

そもそも私たちが企画を考えるのは、新しい価値を生み出していくため、ですよね。イベントについて考えること自体に意義がある、というわけではないはずです。
時間をかけて、仕事として行う以上、結果につなげるための努力はしたほうがいいのではないでしょうか。

そして、
「すぐ上の上司は OK だったのに、その上で引っ繰り返されたことはないですか？」
とお尋ねしたい。

　多くの企業では、物事の決定は多層的に行われています。とくに重要な案件であれば、一部長ではなく、より上層部の判断を仰ぐことになるでしょう。

　その際に起こり得るのが、**「ちゃぶ台返し」**です。
「部長と細かいところまで詰めたのに、本部長から根本的なダメ出しをされて、ボツになった」というような展開。ささいなことであればまだ我慢できるとしても、何カ月もかけて作った企画書でこんなことが起こったら、会社員としてはやっていられませんよね。

　こうしたことが起こる一因には、「部長が布石を打っていなかったから」ということがあります。事前に本部長に対して、
「こういう方向でまとめていますから」
と部長が一言言っていれば、
「待て待て、それは違う」
といったやりとりができたはず。布石を打たないことで、そのチャンスを失ってしまっているのです。

　さて、I 部長は N 常務に布石を打つ中で、ある有力な情報を得ることができました。

「著名人を起用する方向に話を持っていくなら、法務部のT さんに、宣伝周りの権利と契約について聞いておいたほうがい いよ」

実はこの会社では以前、著名人を起用した際に、イベントで 撮影した写真や動画を「転載NG」と言われてしまった過去が あり、著名人との契約についてナーバスになっているそうなの です。
しかし法務部のTさんは昔からそりが合わず、話を通すの がいかにも難しそうです。

さて、I部長はどうすればいいでしょうか。

じゃんけん理論で
「動かない人」を動かす

　人を何かに巻き込む際、私は**「じゃんけん理論」**という手法を使います。じゃんけん理論とは、重要な相手と連携するための、人脈を生かした連携の一種です。

　2014年、私はスマホやパソコンを使ってできる新しい形の寄付を企画推進していました。専用のアプリをダウンロードして、ロゴマークなどにかざすことで、手軽に寄付ができる仕組みで「かざして募金」という名称のものです。

　この方法を広く活用してもらうべく、私は告知のための記者会見を予定していました。そしてその記者会見には、どうしても孫さんに登壇してほしいと考えていました。

　やはり、孫さんが会見に出ると出ないとでは、世間に対する訴求度が大きく違います。ソフトバンクとして行う以上、孫さんが出るか出ないかは、その後の認知にも関わる大問題でした。

　ただ、率直にそう伝えたとしても、孫さんが出てくれるとは限りません。

そこで考えたのが、「じゃんけんで考えたときに、孫さんがグーなら、パーを出せる人は誰だろう？」ということです。

「じゃんけん」なら、誰が孫さんに勝てるだろうか

チョキ　　　　グー

池田　　　　孫さん　　　　???

　そのとき、ひらめいたのが、王貞治さんでした。

　ソフトバンクが福岡ダイエーホークス（当時）を買収してプロ野球に参入した背景には、孫さんの王さんに対する尊敬がありました。そして、王さんは世界少年野球推進財団にも熱心に取り組んでいらっしゃり、社会貢献に強い関心を持っておられます。

　そこで王さんにお目にかかり、今回の「かざして募金」の取り組みについてお話しする機会をいただいたのです。

　実際、王さんは熱心に聞いてくださったばかりでなく、大いに賛同してくれ、記者会見にも出るとおっしゃってくださいました。

私はすぐさま孫さんに、王さんが記者会見に出てくださる旨をメールしました。　すると、孫さんからも「記者会見OK」の連絡が来たのです。

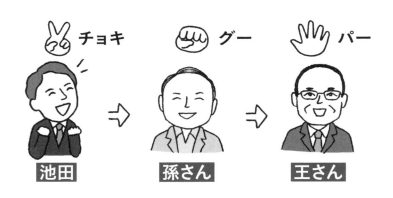

　私自身、これまでの仕事の中で、じゃんけん理論に助けられたことは数えきれません。
　例えばSB新型コロナウイルス検査センターの立ち上げの際に、国立国際医療研究センターのドクターの方々に多大な協力をしていただいた背景にも、この理論が働いていました。
　実は、ソフトバンクの産業医は元国立国際医療研究センターの職員でした。この伝手をたどって理事長にまで話を進めることができ、実現したのです。
　この準備をせずに、いきなり私が国立国際医療研究センターの門を叩いても、理事長にはお会いすることすらかなわなかっ

たかもしれません。

　もし、どうしても動いてほしいキーパーソンがいて、自分の力だけではどうにもならない場合には、ぜひ、**「その人物を動かせる人＝その人とじゃんけんをして勝てる人」**を探すことから始めてみてください。

　そのひと押しで、物事は驚くほどスムーズに進み始めます。

「この人に頼まれたなら、ぜひやりたい」と 思われる相手の探し方

　さて、このように人を動かす強力な力を持つじゃんけん理論ですが、使う際には注意しなければいけないことがあります。それは、**動かしたい相手の上司に頼むのはNG**だということです。

　なぜか。それは、**「告げ口状態」**にならないようにするためです。

　例えば、I部長が法務部Tさんの上司に伝手があったとします。仮にその上司に働きかけたとすると、Tさんのもとに来るのは、

「君はIさんの○○に協力的じゃないらしいな。やれ！」

　という、業務命令です。

　しかも、上司にTさんが協力的でないことを告げ口された状態になっている。となれば、Tさんとしては動くしかありま

せんが、心証は最悪です。

　この心証は、当然ですが上司に対するものではありません。最悪になるのは、I部長への心証です。

　おそらく、その一件は、しぶしぶ動いて話が進むでしょう。しかしその後は、Tさんは極力、I部長との縁を切ろうとするはずです。

　というわけで、Tさんの上司はダメ。

　では、誰がパーの役割を果たしてくれるのか。私が王さんを思いついたように、パーの役割を果たしてくれる人は意外なところにいたりします。

　ここで大切なのが、前述した**「相手を知る」**です。動かしたい相手は何をすれば喜んでくれるのか、思考の傾向や気質、強みや弱みまで把握していると、その相手にじゃんけんで勝てる人が自ずと浮かび上がってくると思います。

　例えば、「自分の家族が、実は○○さんの家族と仲が良かった」というパターン、あるいは、「自分と○○さんが実は同じ習い事をしていて、その先生がパー」というパターンもあり得ます。

　ご縁はどこでつながっているか、わかりません。重要な案件であればこそ、動いてみる意味は大きいはずです。

縁 は 大 切 に

　繰り返しになりますが、仕事とは人と人が関わって成立します。人生も、「縁」次第です。

　私自身は、ソフトバンクの前身である東京デジタルホンに新卒で入社してからこれまで、同じ会社の中で仕事をしてきました。

　その中で、何度か組織が変わったり、部署が変わったり、担当業務が変わったりということも経験しています。その際、支えてくれたのは、その前のどこかのタイミングでお世話になっていたり、一緒に仕事をしたりしていた方々でした。**経験を重ねるごとに、縁の大切さは身にしみるばかり**です。

　縁の大切さを心から実感した経験があります。実は私は以前、会社（ソフトバンク）を辞めようと考えたことがあります。それは2011年、東日本大震災復興支援財団が発足したタイミングでした。

被災地の子どもたちのために何かをしたい。確実に長期的な支援をしたい。その想いから公益財団法人の立ち上げに関わり、さらに私自身が事業局長を務めようと考えていく中で、1点、大きな問題がありました。財団側から、「現職との兼任はNG」と明言されていたことです。

　確かに、その主張は納得のいくものでした。当時のソフトバンクでの所属は、マーケティング部。マーケティング部といえば、企業の利益追求を第一に考える部隊といっても過言ではありません。

　マーケティングの担当者が、財団の事業局長を兼任するとなれば、営利活動なのか非営利活動なのか、外からは判別できません。その事実だけを見た人に、

「ソフトバンクの営利にかなうことが、公益財団法人の裏側で起こっているに違いない」

　と勘違いさせてしまう恐れもありました。

　復興支援のために会社を辞め、財団の仕事をするか。あるいは財団を信頼できる人に任せ、自分はソフトバンクで働き続けるか。そんな二者択一を迫られる事態となりました。

「退職するしかない」と思い込んでいた私に差し伸べられた手

　「東日本大震災復興支援財団」は、絶対に世の中に求められて

いると確信している団体でした。

　しかし一方、その名称にもあるように、復興支援に区切りがつけば、解散する可能性が高い。被災者の方々への強い気持ちの反面、その後の生活のこと、これから教育費がかかるであろう子どもたちのことが頭をよぎり、とうてい簡単に決められる問題ではありませんでした。それでも自分なりに考え抜き、

「やっぱり、会社を辞めて、財団に専念しよう」

　と気持ちが固まってきた頃、青野史寛常務執行役員（当時）に相談させてもらうことにしました。

「青野さん、実は私……」

　青野さんは十年来、業務のイロハやビジネスパーソンとしての考え方を導いてくれた人物です。私は青野さんを師と仰ぎ、その教えを受けてきました。

　自分の置かれた状況と、そして想いの丈をぶつけたところ、青野さんはじっくり話を聞いてくれました。

「だから、ソフトバンクを辞めようかと考えているんです」

　という私の話を聞き終えた後、青野さんは、

「その件は、ちょっと預からせてくれないか」

　と言いました。辞めるに当たっては、調整や手続きも必要です。私は、

「わかりました」

　と、その場を辞することになりました。

　さて、その数日後、思いも寄らない話がその青野さんからも

たらされることになりました。

　なんと、青野さんは「会社を辞める必要はない。営利追求ではない部署に異動すればいい」という考えで、私をマーケティング部門からCSR部門に異動させたのです。

　社会貢献事業を推進するCSR部門なら財団と目指すべきものは同じです。

　二者択一だと思い込んでいたところの、二足のわらじという采配。使い古された表現ですが、このときは「目からうろこが落ちるとはこのことか！」と強く感じたものでした。

　こうした采配があったからこそ、今の私がある。**人生の大きな岐路に差し掛かったときに救ってくれた青野さんと「縁」の力には、感謝してもしきれません。**私ひとりではどうすることもできない窮地に、知恵を与えてくれました。

　こうして始まった東北での活動でのご縁を経て、当時20人足らずの小さな部署だったCSR部門は120人ほどに成長し、SDGs、ESGへの取り組みや次世代育成、環境・資源対策など、様々な社会貢献活動の推進を図っています。

2023 年にソフトバンクは、国連の「持続可能な開発目標（SDGs）」に貢献する先進企業を表彰する「第 5 回日経 SDGs 経営大賞」で大賞受賞

　長い人生では、何が起こるかはわかりません。突然、異動になるかもしれませんし、業界構造が大きく変わって、自分が務めてきた部署や会社がなくなるかもしれない。病気やケガだって、なるのはたいてい突然です。

　布石が大事、じゃんけん理論で人を動かそうとしても、思い通りにいかないときもあるはずです。

　そんな人生の窮地こそ、ご縁に勝るものはない。私はそう思います。

　細い「縁」でもいいのです。「縁」を大事につなぎ、人を巻き込んでいけば、思いもよらぬ助け舟が登場することも少なくありません。このように、狭い範囲で人と人とはつながっているものなのです。

「1枚の表」の力で、
企画や想いは
こうして形になる

　I部長に口頭で指示されて始まった今回の体験会企画。あなたはI部長のサポートを受けながら営業マーケティング戦略会議に臨むことになりました。

　営業マーケティング戦略会議に向けて、あなたは次のような資料を用意しました。
- これまでに作成した5W1H表（企画概要書）＝全体のサマリ（目次）として使用
- 詳しい説明や根拠が必要と思われる箇所については、個別でスライドを作成。効果分析表と行き来して検討できるようにしておく

　個別スライドは、例えば「著名人の検討」に関しては、次のような具合です。

個別スライド1　著名人の提案

A美

所属:「〇〇24」事務所　　生年月日:1993年7月12日

血液型:A型　　　　　　出身:神奈川県横浜市

身長:162cm　　　　　　ニックネーム:エーちゃん

- ■「〇〇鑑定TV」レギュラー
- ■「△△フォーラム」司会
- ■「□□研修会」マスコットキャラクター

個別スライド2　著名人の提案の際、他の候補者と比較するための資料

前提・評価すべきポイント
- ・「数十名（学生、20代、30代、40代、50代以上　各10名以内想定、男女混合）のインフルエンサー」が好意的か?
- ・A商品や業界に精通していたり、活動実績があるなどのイメージがあるか?
- ・接するだけで「特別だ」と多くの人が感じられるか?

	年齢	総合評価	好意度	精通度	特別感
A美	30代	8	4 全世代	3	1 超人気 アイドル
B太郎	40代	7	3 30代以上 女性	3	1 俳優
C子	10代	6	2 10代女性 中心	4 関連連載 あり	―

プレゼンでは、企画概要書で全体像を伝え、個別の資料で一つひとつの項目の詳細を説明。疑問が出そうな項目には、詳細資料だけでなく効果分析表を提示し、他の選択肢と比較した上で、「なぜそれが最善か」を説明していきました。

　あなた自身の準備、そしてＩ部長の活躍もあって、プレゼンテーションは順調に進みました。
　結果的に、予算面などを踏まえて多少の変更を求められたものの、ほぼそのままの形で実現することとなったのです。あなた自身ももちろんイベント運営チームの一員として、引き続きＩ部長の下で取り組む予定です。

どんな仕事もこうして「面白く」なっていく

　体験会の開催はこれから急ピッチで進めていかねばならず、この先数カ月は忙しくなりそうです。しかし、自身が提案したことが形になりそうだという喜びと興奮、そしてやる気に満ちていました。
　そして、あなた自身が、自分がやる気に満ちていることに、ちょっとした驚きを覚えていました。

　というのも、実はあなたのやりたかった仕事は、商品開発でした。この会社で、多くの人に使ってもらう商品を作りたい。そんな思いを抱えての入社でした。そのため、今の部署に配属

されたときは、大きな落胆を覚えました。

　さらに、I部長から言われたことをやっていくという仕事内容に、嫌気もさしていました。それで転職さえもこっそりと視野に入れていたのです。

　それなのに、今、
「自分たちの自慢できる商品と世の中の最初の接点を作れる仕事って、いいですよね」
　という同僚の言葉に、素直にうなずいている自分がいました。

　そうなのです。同じ出来事が起こったときに、それを「うれしい」と思う人もいれば、「いやだ、つらい、辞めたい」と思う人もいます。それを決めているのは、**本人の意識**です。それならば、「楽しい」と思える心持ちでいたいと思いませんか。

　仕事をしていく上では、大変なこともあるでしょう。「辞めたい」と思うこともあるかもしれません。でも、それを決めているのは、自分の意識です。

　そのことを忘れずに、日々の仕事に取り組んでいただけたらと願っています。

チームとプロジェクトを
「表で」動かす

　本章の最後に、表を使ったフロー管理やプロジェクト管理、タスク管理やチームマネジメントについてお話ししておきます。

表でフローを把握する

　2章では、PCR検査センターの開設に向けた流れをお話ししました。その際、PCRとは何かすらわからず、どこから手をつけていいかわからなかった旨は述べました。

　このように、日々の業務の中では、新しいことをやれと指示されたとき、
「そうは言われても、何からやれば、何を準備すればいいかわからない」
　ということがあるものです。わからないことだらけで、「5W1H表」に何から書き込んでいいかもわからない。そんな状況です。

ここでもまた、新商品の体験会イベントの事例で考えてみましょう。

「あなた」の企画は無事に営業マーケティング戦略会議を通過し、新商品の体験イベントを開催する運びとなりました。そのイベントの運営もあなたが受け持つように言われましたが、あなたがこれまでしてきたのは、イベントの企画まで。運営は初めてだとします。

　その場合にまずやるべきは、私がPCR検査センター開業に向けてまず制作した「作業工程のイメージ」づくりです。

　前掲の資料ではイラストなどを用いて見やすくしていましたが、このフローの把握も、表を用いることで簡単に行うことができます。さっそく、作っていきましょう。

　あなたは今回、初めてイベントを任されました。しかしそれでも、仕事かプライベートかにかかわらず、これまでに何回かは、「イベント」に参加したことはあるはずです。それを思い出すのです。

「告知のWeb広告を見て、参加を考えた」
「興味があったので申し込んだ」
「会場でチラシや試供品を受け取った」
「アンケートに答えた」……

このように、過去のイベントに参加した経験を通じて思い浮かぶことを、参加者の目線で、ざっくりと書き出していきます。**自分がやろうとしていることは何であるかをイメージさせるためのものなので、この段階ではそれが正しくなくてもかまいません。**

　このように考えてみたところ、あなたがイベントに参加するまでには、大きく5つのステップがあることがわかりました。「知る」「検討する」「申し込む」「詳細を知る」「来場する」です。
　それを縦軸に配置し、一覧にしてみましょう。そしてその横に、想定される接点や行動を書いてみます。

まずは思いつくものを書き出してみる

	想定される接点や行動
知る	チラシ、ポスター、HP、SNS、広告
検討する	内容確認（日程、料金、場所など）
申し込む	専用フォーム、メール
詳細を知る	メール、冊子
来場する	受付、司会者、サポート、アンケート

　すると、この表の中に、**いくつかの立場の人が含まれている**ことに気づくでしょう。「お客様」「事務局」といった、このイベントの登場人物です。

先ほどの表はひとまず置いておいて、今度は登場人物を横軸に表を作り直します。

　そして、その下には、それぞれの登場人物が何をするかを、ざっくりでいいので時系列で書き出していきます。例えば次のような具合です。

時系列に「やること」を書いていく

	お客様	システム	事務局	備考
知る	認知		チラシ・ポスター・HP制作 ↓ チラシ配布 ポスター掲示 HP開設	設置数は？ 配布数は？
検討する	検討 疑問・質問		回答	窓口は？
申し込む	申し込み記入 ・メール ・フォーム	申し込みデータ	メール受付 ↓ 入力	返信方法は？ キャンセル対応は？
詳細を知る	認知 疑問・質問		詳細内容制作 メール送付 回答	開催場所は？ 当日の流れは？ 担当配置は？ 当日の機材や什器は？
来場する	来場	確認作業	前日準備 確認作業	

241

いかがでしょうか。最初は、「イベント開催なんて何からやればいいのか」と思っていたものが、こうして**フロー化すると視覚的に把握することができ、全体の流れや必要な準備がひと目でわかりやすくなります。**

　また、ここで表にしてみたからこそ、気がついたことや疑問が出てくると思います。
「申込み窓口はどこにするのか」
「会場はどこにするのか」
「機材や什器は何を準備するか」
「チラシは何枚くらい必要か」
　などです。こうした疑問を集めながら、5W1H表を作っていくことで、この次にやるべきことが見えてきます。

表で役割分担・タスク管理をする

　「いつ、誰が、何をするか」を管理するのも、表が便利です。表で、いわゆる作業分解構造図（WBS）を作るわけです。

　例えば、先ほどのイベント運営を落とし込むと、次のページのようになります。
　ポイントは、詳細（誰が何をするのか）まで明記することです。
　例えば「チラシ制作」だけでなく、「デザイン発注、制作進行管理、業者窓口対応」など、できるだけ詳細にしておきます。

担当は部署ではなく個人名を書く

大項目	中項目	詳細	結果	担当	期日	状態
企画	全体概要書	企画と承認	営業マーケティング戦略会議で承認済み	佐藤	4/30	Close
企画	東京会場詳細企画	代理店と内容のすり合わせ		鈴木	5/8	Open
企画	札幌会場詳細企画			高橋	5/9	Open
広報	HP	体験会全体		田中	5/?	Open
広報	HP	募集ページ		田中		―
広報	HP	FAQ		伊藤		―
広報	キービジュアル	名称とロゴ作成		田中	5/?	Open
販促品	商品説明	会場用		渡辺	6/5	―
販促品	商品説明	オフ会用		渡辺		―
販促品	商品説明	SNS用		渡辺		―

そうすると、何かトラブルがあった際に対応すべき人物が明確になり、それぞれが責任感を持って仕事に取り組めるようになります。

　その意味でも、記載は「○○課」などとせず、**必ず個人名で書くこと**です。「誰かがやるだろう」「自分の分担ではないだろう」とタスクを他人事にされないために、最初から役割を明確に書いておくのです。

　なお、このようなタスクの管理を、多くの方は樹形図やロジックツリーのような形で行っていると思います。

　しかし、そうした図は作るのになかなか手間がかかり、かつ少し修正したいときにも、時間がかかる……。ということで、効率化の意味でも、表形式での役割分担、そしてタスク管理が便利です。

　また、より視覚的に表現したい場合は、ガントチャート（線表）を作ってもいいでしょう。縦に作業項目、横に時間軸を入れれば、作業の内容や期間、順番などがわかります。

　ガントチャートには、目標日が決まっている「逆線表」と、いつまでにできるかを示す「前線表」があるので、状況に応じて使い分けてください。

逆線表と前線表

逆線表	指示された納期（締切日・納入日など）から逆算してスケジュールを策定する方法。
前線表	現在を起点に、タスクと完了予定日を決めていき、スケジュールを策定する方法。

　以上、簡単に表を使ったプロジェクトの進め方を説明しました。

　この本では「5W1H表」と「評価分析表」の考え方と作成についてお話ししましたが、企画が通り、**プロジェクトが始動してからも、業務の効率化や抜け漏れのない合意形成のために「表」は不可欠**なのです。

　「表」の可能性は無限大。つねに「表」で考える思考が身につけば、より精度の高いプロジェクトのマネジメントが実現できるはずです。

終 章

「表で」
人生を動かす

想いが人を動かす──
私が孫さんに動かされた
わけ

　ソフトバンクグループが創業30年目を迎えた2010年に発表した「新30年ビジョン」で孫さんが話した言葉の1つに**「迷ったときほど遠くを見よ」**があります。

　例えば船に乗っているときに、目の前の海を見ていれば目線がぶれてしまいます。でも、100キロ先を見ていればほとんどぶれません。
　つねに当初の目標を見続けていれば、迷ったときでも自ずと取るべき行動が見えてくるというような意味が込められています。

　何か問題が生じたとき、
「どうしたらいいのだろう、これは右か左か？」
「はたしてこの方向性でいいのだろうか」
「もっと別の方法があるかもしれない。いや、しかし……」
　と迷いが生じることがあります。そこで必要になるのは**「目的」**です。

物事に飲み込まれているときは、得てして近視眼的になり、目の前の出来事に一喜一憂してしまいがちです。そんなときは、いったん手を止めて、目的に意識を向けるのです。

　この仕事はなんのためにやっているのか？

　そもそもの目標はなんだったのか？

　こうした「100キロ先の風景」が、大きな指針となります。

　体験会企画でも同じです。最初は誰しも、目的を明確にできると思います。

　ところが、目の前のタスクにただ取り組んでいると、目的はだんだんと意識されなくなってきてしまいます。

　そしてやがては「人員を集めること」や「メディア露出の件数」などとぶれてきて、方向性を見誤りそうになるのです。

　そんなときは顔を上げて、改めて目標を見ること。その先に何を届けたいか、何を実現したいのかというビジョンが明確になれば、ぶれることなく気持ちも折れず前に進めます。これは組織運営でもとても重要です。

　組織のメンバーがつねに同じ目標に向かっていると、その力は相乗効果でさらに大きくなり、目的まで最速で到達することができるのです。そのためにも、「遠くを見る意識」を持つことがとても大切です。

　遠くの目的を見ていると、「一見、やっていることと似てい

るのに本質的に違うこと」にぶつかることもあります。例えば被災した子どもへの支援活動を目的としている東日本大震災復興支援財団（現・子ども未来支援財団）に、

「震災で困っている高齢者がいるので助けてください」

という要望が届く、というようなケースです。

　確かにお年寄りのケアはとても大切で重要なことです。なんとかしたいと思うでしょう。

　しかし、東日本大震災復興支援財団としては、そちらに力を割くことはできない、という判断になります。それは目的が違うからです。

　目的をつねに見続けていれば、岐路に立たされても、これはやるべき、これはやるべきでないと、判断に迷うことがありません。

大きなビジョンが、人を動かす

　孫さんには10年ごとの大きな目標を定めた「人生50年計画」があると聞いています。

　20代　名乗りを上げる

　30代　軍資金を貯める

　40代　ひと勝負かける

　50代　事業を完成させる

　60代　次の世代に事業を継承する

これを 19 歳のときに作り、驚くべきは、現在まで実現し続けていることです。孫さんは 1957 年 8 月生まれ。24 歳で日本ソフトバンクを旗揚げし、36 歳で株式を店頭公開。その軍資金の元手に、Ziff Communications Company の展示会部門を買収、世界最大のコンピューター見本市「コムデックス」を運営する The Interface Group の展示会部門へ資本参加、雑誌「PC WEEK」を出版していた Ziff-Publishing Company を買収するなど、「地図とコンパスを持つため」に米国のコンピューター関連企業をグループに取り込みました。

40 歳でソフトバンクを東証一部に上場し、その後、日本のインターネットを安価で高速なものとすべく、ADSL を使ったブロードバンド総合サービスのヤフー BB をスタートさせました。46 歳で日本テレコムを、48 歳でボーダフォンを 1.75 兆円で買収しています。

50 歳で日本において iPhone の販売を開始しました。55 歳でスプリント（当時）を買収し、アメリカの携帯通信業界へ参入。3.3 兆円でアームを買収したのが 59 歳でした。同じく 59 歳でソフトバンク・ビジョン・ファンド発足させるなど、バトンタッチをすることなく走り続けている孫さんはまさに超人です。

そんな孫さんの人生のひと勝負のタイミングで出会えたことは、私にとってはこの上なく幸運なことでした。

さらにその中で私は、大震災やパンデミックなどに直面し、世の中のためにできることに全身全霊で取り組む孫さんとご一

緒できている。起業家・資本家の孫さんとはまた違う人間味とそのお人柄への尊敬は、どんなに言葉を尽くしても足りません。

登る山を決めれば、半分達成したのと同じ

目標とビジョンは混同されがちですが、目標は「行きたい場所に到達するための目印」であり、ビジョンは将来の構想や理想像です。

目標を決めれば、もうその半分を達成したようなものです。「あそこに行きたい」と、到達点の目標ができれば方向性が見えてきます。ゴールの瞬間を強くイメージし、乗り越えるべき課題を想定して戦略と戦術を立案するのです。

極論すれば、目標なき業務は徒労に過ぎません。

孫さんはよく**「登る山を決めろ」**と言います。**「これで人生の半分が決まる」**とまで断言します。登る山（目標）が決まれば登り方を考えることができます。そこに到達した姿がビジョンです。

例えば、単に「筋肉をつけたい」「痩せたい」というビジョンだけでトレーニングをしても、PDCAを回す基盤がないので、能動的に動けず、すぐにやめたくなります。

しかし、これが１年後にフィットネスの大会に出たいというようなゴールがあれば、目標と現在地の差が明確になります。１年後の理想の体型と今の自分の姿がどう違うか。それが具体的にイメージできれば、ボディメイクのために何をすればいいかが見えてきます。

　私はこれまで、何回かアイアンマンレース（トライアスロンの１種。水泳3.8km、自転車180.2km、マラソン42.2kmの順に行う）に出場していますが、初めて大会に参加しようと決めたのが、2014年の６月でした。
　１年後の大会当日に最高のパフォーマンスをするためには、今ここ（現在地）で、何をすべきか模索することから始めました。
　アイアンマンレースに関しては、まだビギナーだったので練習メニューをプロに作成してもらい、大きな目標とデイリーの活動計画に則り、日々、自分の状態を確認しながら練習を進めました。

　毎日といっても、仕事の都合でメニューがこなせない日もあります。そんなときは、焦らず、
「昨日できなかったことは今日すればいい」
　と１週間単位で考えるようにしました。１週間の先に月の目標、そして３カ月、半年と１年先の大きな目標に向かって進めば、目先の誤差に一喜一憂することはありません。目の前のことで精神的に疲弊し、モチベーションが下がってしまうほうが

終章　「表で」人生を動かす

253

大問題です。

「流れ星が消えるまでに願いごとを3回唱える」という願掛けをご存じかと思います。根拠のないまじないのような話ですが、実はこれ、意外とかなうのです。

　そもそも流れ星なんて、流星群のとき以外、それほど遭遇することはありません。そして目にしても、あっという間に消えてしまいます。

　そんな流れ星に、瞬時に願いごとを3回も唱えられるということは、明確な目標やビジョンが心の中にあるということです。**いつでもどこでも目標を考え続け、行動を続けていればゴールに到達する可能性がぐんと高まります。**

　もし、心の中に強く描くことができないなら、普段から身につけている社員証の裏などに、目標とビジョンを熟考し、書いたカードを入れておくといいでしょう。

　これだけでも、ルーティン業務に目的が生まれ、業務の方向性が定まってきます。

やっぱり仕事は
「人と」している

　東日本大震災が発災した後、私はCSR担当として、孫さんと東北を一緒に回り被災の状況を自分たちの目で見ました。

　福島の避難所でいろんな方々のお話を伺い、破壊された街を見ました。東北を回る車の中で孫さんは、涙目で被災地を眺めていました。

　私はそれまでビジネスパーソンとしての孫さんの顔しか見たことがなかったのですが、このとき初めて孫正義個人の顔を見たような気がします。

　それから幾度となく、個人としての孫さんの顔を見る機会がありますが、本来の孫さんは、とてもピュアで感情豊かな人であると感じています。

　私は東北で孫正義個人の顔を見たとき、**「この人の期待に応えたい」という想い**が、改めて体中にみなぎりました。「孫さんのためにも頑張りたい」と、より復興支援に全力で邁進する決意ができたのです。

255

大きな困難に遭遇した場合、自分だけでは頑張れないときがあると思います。しかし、**「誰かのために」なら力を奮い立たせることができます。**孫さんの想いを知り、私に力がみなぎったように、**強い信念を持った真摯な想いは人を動かす大きな原動力になり得る**のです。

期待に応えたいと思われる存在としての
上司の役割

　これまで、本書では、「誰を見て仕事をするのか」「提案は誰に向けたものか」という話をしてきました。
　これに対して、組織で働く立場としてはやっぱり、
　「それはまずは上司であり、決裁者である」
　と答えます。ただし、その上司や決裁者は、自分よりはるかに先を見て、大きく物事を考えている人間です。
「この人の期待に応えたい」
　と、素直に思える相手です。

　「この人の下で働いていてよかった」と思えるのは、数年に一度もないかもしれません。あるいは、「そんな上司はいません」と言いたくなるかもしれません。

　でも、会社の総合計画や基本計画をリーダー自身の言葉で語れば、そこに必ず大きなビジョンと想いがあるはずです。上司

の立場にある人は、ぜひそれを、自分の言葉で語ってほしい。
上に立つ者として、

「この人の期待に応えたい」

と思われる存在を目指してほしいと思います。

　こうして信頼関係を築けば、部下は自ずと「この人の期待に応えたい」と思ってくれるはずです。部下としては、そういう上司からの褒め言葉は、本当にうれしいものです。

　私は前述のように、つねに「孫さんの期待に応えたい」と考えながら仕事を進めてきました。

　そんな私にとって、人生で何本かの指に入るうれしかったことは、2021年に25万人規模の新型コロナウイルスワクチン接種を目指すことを発表した際に孫さんがアップしたツイッター（現・X）の、

「少しでもワクチン接種拡大に貢献したいと思います。
全国15会場で社員、家族、近隣住民、25万人以上に。」

　という投稿と、その後にかかってきた、

「池田、ツイートを見たか？　あの写真は、お前が写っている写真を選んだ。よくやってくれた池田への深い、深い愛情だ。本当によくやってくれた。これからも頼むぞ」

　という電話です。

著者（写真左）の映る写真が選ばれた孫正義氏のツイート

孫正義 ✔
@masason

少しでもワクチン接種拡大に貢献したいと思います。
全国15会場で社員、家族、近隣住民、25万人以上に。

ソフトバンクグループ、25万人規模の新型コロナウイルスワ…

場所: group.softbank

19:14 · 2021/06/15 場所: Earth

　この件は、厚生労働省とのやりとりやワクチンの入荷の問題もあり、私自身にとって、調整が非常に難しい案件でした。孫さんの期待するスピード感に合わず、叱咤激励をされる機会が何度もありました。自分の不甲斐なさを痛感するとともに、最善の道を模索する苦悩の連続でした。

　その意味でも、大規模接種会場がオープンしホッとした直後の電話は、心底、うれしかった。**この人の下で働いていることを、幸せだと素直に感じました。**

働く意味や仕事に求めるものは、人によって思いは様々だと思います。でも、**「この人のために働きたい！」と思えることは、けっしてカッコ悪いことではない**と私は思います。

　もしみなさんが、すでに「この人のために働きたい！」という環境で働けているならば、その環境を大切にしてください。もしまだ出会えていないならば、そうした相手を探し続けるのもいいことだと思います。
　その「この人のために働きたい！」という想いの先に、仕事のやりがいや幸せがあるのではないでしょうか。

　本書でお伝えしてきたことは、2006年以降に増えた孫さんとの仕事の中で編み出してきた、情報の整理の仕方や企画提案の作り方、人と人が同じ目線で建設的な議論を行うための表の作り方です。

　経営陣や関係者と連携しながら企画提案を実現するためにどうしたらいいか、と試行錯誤を経て、ここまで来ました。

　人生を生きていくことは、つねに自分ひとりではなく、周りの人がいて、その人と相互に関連し合いながら、物事を決めたり合意したりしていくものです。

　また、物事を決定するということは、絶対的正義や方程式による絶対的判断ではありません。今日は右方向が正しいのに、来週には左方向が正しいなどということがあるからこそ、仕事をすること、生きていくことは難しいのだと思います。

　この難しい世の中を生きていくために、選択肢の出し方、話の通し方、そのノウハウをみなさんにも体感いただけたのではないかと思っています。

　様々ご紹介したノウハウの中から、ぜひ、ご自身に合うと思ったもの、必要だと判断したものを1つでもいいので、積極的に取り込んでみてください。

日々の物事に取り組む意欲・モチベーションを高めるために、そしてその高い水準を保つために、自分自身の目標をつねに忘れずにいてください。

　目をつぶればすぐに浮かんでくるくらい、強く目標を持ってください。そうすることで、「何をしたいのか」「何をすべきか」が明確になり、取捨選択すら容易になります。

　本を買って読んでも、実践しなければ何も変わりません。

　行動し経験をすることで、自分自身の理解が深まるだけでなく、想像していなかったトラブルや想定外を見つけることができ、より強く、実現に向けて進めるはずです。

　想定外のトラブルは失敗ではありません。むしろ改善すべき、よりよくするための経験です。ですので、うまくいかなかったと投げやりになったり、諦めたり、サボるのではなく次の提案につなげてほしいと思います。

つらいときに思い出してほしい2つのこと

　どうしても苦しくて、つらいとき、乗り越えるのが難しいときに、私は2つの方法を使ってその状況を立ち向かうことがほとんどです。

1つは人に相談すること、それも自分と同じ目線で同じ目標を持つ仲間、パートナーにうまくいかない状況を話し、互いに状況を整理して、次の打ち手を考える行動に変えていく、というものです。

　冷静にも前向きにもなれる「仲間」とのやりとりは大変価値あるものです。

　もう1つは、明確な人生の目標に立ち返ること。

　私の人生の目標はネイティブアメリカンの言葉といわれている、

「あなたが生まれたとき、周りは笑ってあなただけが泣いていた。だからあなたが死ぬときには、周りが泣いて、あなただけが笑っている、そんな人生を歩みなさい」

　です。

　私は人と人とのつながりを大切にすることでしか実現できないこの言葉が大好きです。

　俯瞰でものを捉え、私にとっての家族や仲間のような大切なものは何かを冷静に考える。その中で、今、起こっていることの意味を考える。日々、その繰り返しです。

　諦めたりサボったりすることの恐ろしさは、成果が下がることではありません。それだけでなく、その心持ちが「基本姿勢」になってしまうことです。

　基本姿勢が「諦める・サボる」になってしまった状態では、

新しいことや困難な挑戦が目の前に現れても、きっと選ぶ道は
「諦める」になってしまいます。

　人生は困難の連続です。この「諦める」ネガティブな基本姿
勢では、きっと人生の多くの困難を乗り越えるエネルギーを得
ることはできないでしょう。人生全体の足を引っ張り、より大
きな困難を引き寄せてしまいかねないと思います。
　どうかそうした悪循環に陥らず、腐らずに、日々を過ごして
いきましょう。ここまでにご紹介した「表」が、あなたの夢を
実現し、形にしていく力になるはずです。その一助となること
を、心から祈っています。

　気づくことで、見えるものが変わります。見えるものが変わ
れば、思考が変わります。思考が変われば未来が変わります。
未来が変われば、自分が変わったことに気づくかもしれませ
ん。
　本書がみなさんの、そんな気づきにつながれば幸いです。

池田昌人（いけだ・まさと）

1974年7月12日神奈川県生まれ。法政大学経営学部卒。

1997年東京デジタルホン（現・ソフトバンク）入社。営業部門、マーケティング戦略部門を経て現在CSR本部長・ESG推進室長。2011年東日本大震災発災時に、社内有志で立ち上げた震災支援プロジェクトを経て、東日本大震災復興支援財団（現・子ども未来支援財団）の立ち上げに参画し、運営に携わる。同時に、企業ができる持続的な社会貢献活動を推進するため、CSR部門の責任者に就任。企業と公益法人の両面で、東北復興を精力的に支援。CSR部門では、ICTを活用した社会課題の解決を重点的に推進。インターネットを活用した日本初の募金プラットフォーム「つながる募金（2019年累計寄付額10億円突破）」や、人型ロボット「Pepper」を使ったプログラミング教育「Pepper社会貢献プログラム（累計授業回数5万回以上／2022年3月末時点）」を全国的に展開している。

昨今は、地方創生・地域課題の支援をテーマに、地域に根差して課題解決に取り組む「地域CSR部門」を立ち上げ、140人以上に及ぶ日本最大級のCSR組織体制を構築。また、新型コロナウイルスに対する経済活動の早期回復と感染拡大防止を目的として設立したSB新型コロナウイルス検査センターの代表取締役社長も務める。

仕事は1枚の表にまとめなさい。

2024年4月8日　第1版第1刷発行
2024年4月18日　第1版第2刷発行

著　　者	池田昌人	
発 行 者	中川ヒロミ	
発　　行	株式会社日経BP	
発　　売	株式会社日経BPマーケティング	
	〒105-8308　東京都港区虎ノ門4-3-12	
	https://bookplus.nikkei.com/	
デザイン	山之口正和＋齋藤友貴（OKIKATA）	
イラスト	坂木浩子（ぽるか）	
制　　作	キャップス	
編　　集	宮本沙織	
印刷・製本	大日本印刷株式会社	

ISBN978-4-296-00193-4
Printed in Japan
©2024, Masato Ikeda